走近佛陀

修學引導叢書 2

濟群法師——著

目次

宣導皈依共修的意義 243

自序

說到修行，人們多半會想到念佛、持戒、禪修，卻不知道，皈依也是要修的。皈依，是學佛的開始，也是信仰的基礎。當今教界，僧俗二眾都有信仰淡化的現象。究其原因，正是對皈依認識不足，沒能在皈依後進一步修習。任何關係都需要維護，信仰也是同樣。唯有不斷憶念，才能讓三寶在心中扎根。

很多寺院會根據自身條件舉辦弘法活動，或誦讀經典，或禮佛拜懺，或引導禪修，但往往缺少常規的宗教生活。我們知道，基督徒每週要到教堂做禮拜。對信眾來說，由此產生的歸屬感非常重要。我覺得，佛教界也要根據現代人的作息，在傳統的初一、十五外，安排更多的週末活動，才能使社會大眾，尤其是年輕人，有機會走進道場。更重要的，是以他們喜聞樂見的方式來接引。

基於這一想法，我編寫了「週日皈依共修儀軌」，希望寺院能在週日開展共修。儀軌包括「唱三寶歌、法師開示、發心、懺悔、供養、唱誦三皈依、靜坐、讀誦健康生活五大信念、修四無量心和迴向」，涵蓋信仰建設的基礎要素。如果信眾每週來到寺院後，都有機會聽聽佛法，修修皈依，談談心得，再做點利他善行，就會使信仰落地，成為精神生活的一部分。如此，三寶在心目中的地位也會與日俱增。

圍繞皈依的修行，我又寫了《皈依修學手冊》。很多人雖已皈依，但往往是糊裡糊塗地參加儀式，只記得法會很隆重，場面很莊嚴，卻不清楚為什麼要皈依？皈依的重點在哪裡？怎樣才能得到皈依體？皈依後的學處又有哪些？書中，從皈依三寶在修學佛法中的地位、皈依之因和皈依的選擇、認識三寶、如何皈依、皈依的正行等八個方面展開闡述，引導大家全面了解皈依。認識到位了，才能如法皈依，獲得皈依體。

南傳和藏傳都重視皈依修行，在漢傳佛教中，雖把三皈列入早晚功課，但只有簡單幾句，很少引起重視。將皈依作為專門的修行內容，還是新生事物。二〇〇四年，我開始宣導皈依共修。最早在廈門南普陀寺、蘇州戒幢律寺舉辦，每週一次。同時，我還在各地積極宣說皈依及相關修行的重要性。帶領大家修習皈依，成為我相當一段時間的弘法重點。每當大家一起唱誦「南無布達耶、南無達瑪耶、南無僧伽耶……」時，對三寶的聲聲呼喚，真切憶念，常常讓參與者熱淚盈眶。

漢傳佛教中，大家最熟悉的是阿彌陀佛和觀音菩薩。歷史上，還有過「家家阿彌陀，戶戶觀世音」的盛況。這可能是因為前者管死，後者管生，關乎人生大事。但要知道，在我們這個娑婆世界，釋迦牟尼佛才是佛教的源頭，也是皈依的根本。我們想要建立正信，還得從認識佛陀開始。

所以，我一直希望能在佛誕日開展相關教育，引導大家深入了解佛陀和他所說的法。憶佛，學佛，行佛所行，才是對佛陀最好的紀念。傳統的浴佛法會雖然隆重，但對信眾來說，除了能感受到宗教氛圍，往往不了解其中內涵。本書關於佛誕日的開示，以及「走近佛陀，認識佛法」等內容，便是這些倡導的產物。

二〇一二年，我帶領菩提書院骨幹到印度朝禮聖蹟。這是一次走近佛陀的旅程，當我踏上這片土地，佛陀行腳、說法、度眾的場景，彷彿盡在眼前，讓我得到極大的加持。正如智者大師所說：「靈山一會，儼然未散。」此次朝聖，成為我發心住持正法、荷擔如來家業的新開端。朝聖途中，每到一地，我都有相關開示。書中收錄的〈水清月現〉，便是其中之一。

事實上，每一次修習皈依，每一次憶念佛陀，同樣是心靈的朝聖之旅。在這裡，可以和佛陀相遇，和菩薩同行！

二〇二三年春寫於阿蘭若

認識佛陀，是最好的紀念

——佛誕日專訪

問：今天是農曆四月初八，佛陀誕辰，也是浴佛節。這一天，信眾會到各大寺院參加法會。請問法師，為什麼在佛誕這一天，我們要用浴佛的方式來紀念？

答：採用浴佛的方式紀念佛誕，與佛陀出生時的瑞相有關。經典記載，當年佛陀出生時，九龍吐水，沐浴其身。後世的佛弟子們，就用浴佛法會來紀念這個殊勝的日子。

在修行上，浴佛還有更深的含義。正如我們在浴佛時稱念的偈頌：「我今灌沐諸如來，淨智莊嚴功德聚。五濁眾生離塵垢，同證如來淨法身。」通過浴佛，一方面是認識到佛陀具有清淨圓滿的智慧；一方面是提醒我們，自己也具足同樣的智慧德相，只是需要開啟。浴佛，表面是在沐浴太子，其實還在清洗我們的心靈塵垢，最終證悟如來所證的清淨法身。

我們以這種方式紀念佛誕，既是對佛陀的憶念，也象徵自己內心這尊佛的出世。所以說，浴佛不僅是一種宗教儀式，還蘊含著重要的修行意義。

問：這不僅是一個信仰活動，也激發我們向佛陀學習。讓我們把佛菩薩當作榜樣，清洗內心塵垢，顯現本自具足的智慧。其他宗教會以無上的神作為崇拜對象，通過對神的祈禱，把福報降臨到自己身上。但佛法告訴我們，佛陀曾和我們一樣是普通人，是通過修行成就的。這個說法對我們有什麼樣的意義？

答：一般宗教會建立萬能的神，認為神創造世界萬物，決定人類命運。但佛法不認為宇宙中有萬能的神，認為人的命運是由自己決定的。佛陀以人的身分出現於世，修行成道，正體現了這一身分的價值。佛法認為，一切眾生本具佛性，有成佛潛質，只要如法修行，同樣可以圓滿佛果，成就諸佛具有的無限智慧和慈悲。

從另一個角度說，一般宗教以天堂為理想歸宿。而佛教更看重人的身分，認為天人雖然福報很大，但過分享樂，使他們安於現狀，不願進一步提升自己。問題是，這種福報並不是永久的，一旦天福享盡，會繼續隨業投生，甚至墮落惡道。

而人的處境有苦有樂，就會生起離苦得樂的願望。人類五千年文明，正是遠離痛苦、追求快樂的過程。此外，人有理性，為了探索世界，認識自己，發展出宗教、哲學、科學等一系列認知體系。更重要的是，人還可以通過聞法修行，改變生命品質。所以佛法認為，人身是極其可貴的，真理和智慧屬於人間，終不在天上。

問：佛經告訴我們，佛陀本來是一位太子，有著享不盡的榮華富貴。他是遇到了什麼狀況，才啟發他出家修行的呢？

答：出家制度和印度文化有一定關係。在中國，早期並沒有這一傳統，最多就是隱士。但印度文化特別關心生命的輪迴和解脫，並以出家作為修行解脫的前提。在婆羅門教中，把人的一生分為四個時期：一是梵行期，學習吠陀等經典；二是家居期，成家立業，履行世間責任；三是林棲期，入山修道；四是遁世期，雲遊四方。可見，出家是求道的必經過程。

佛陀曾是迦毗羅衛國的太子，從小享受榮華富貴的生活，不知人間疾苦。有一次，太子出宮進城，看到老、病、死的痛苦，大為震驚，並引發他對人生的思考。眾生在六道生生流轉，雖有快樂，但隱藏痛苦；雖有富貴，但轉瞬即逝。我們追求的青春、美貌、權力、地位，從現實的當下來說似乎很有價值，但面臨死亡時，卻蒼白無力，不堪一擊。

接著，太子遇到一位沙門，聽聞出家功德，深感「天人之中唯此為勝，我當決定修學是道」。為了追求解脫，實現生命的終極價值，太子毅然放棄王位，捨俗出家。這是一個意義深遠的選擇，影響了後世無數的修行者。

問：可見，佛陀確實和一般人有很大差別。因為生老病死每天在發生，大家都覺得是正常現象，沒什麼解決辦法。佛陀卻出家修行，尋求解脫。敦煌有幅壁畫，描繪了佛陀成道前的降魔過程。我們知道佛陀是圓滿覺悟的人，而魔在我們看來有一些神話色彩，那麼他降的究竟是什麼樣的魔？

答：如何理解魔的概念？佛經中說到四種魔。一是五蘊魔，指色受想行識五蘊，即我們當下的身心狀態。在生命延續過程中，身心形成了種種串習，使我們不得自在。二是煩惱魔，指貪嗔痴引發的無量煩惱。三是死魔，我們本來可以用這個人身修行，一旦死亡降臨，此生修行就會中斷。四是天魔，指欲界他化自在天的天主，也是佛陀成道前所遭遇的魔。如果我們沒有戰勝欲望，擺脫煩惱，就會受制於此。同時也意味著，受制於天魔的掌控。

佛陀在菩提樹下成道前，天魔率領他的三路大軍趕來阻撓。首先以美色誘引，魔王麾下有很多魔女，花枝招展，極盡媚態，但佛陀不為所動。其次以權力蠱惑，魔王對佛陀說，只要放棄修行，就會讓他成為世界之王，但佛陀毫無興趣。接著以死亡威脅，魔王見軟的不行，就下了最後通牒：如果再不離開，就對你不客氣了。但佛陀依然沒有被嚇倒。

這些魔軍也是我們修行中經常遇到的。對美色和權力的貪戀，使人沉淪；對死亡的焦慮，使人恐懼。為什麼會這樣？是因為我們內心有相應的執著，才會裡應外合，使人受困。否則，這些是干擾不了我們的。佛陀之所以能戰勝魔軍，正是因為他已降伏內心的欲望和煩惱。無論魔軍施展什麼樣的攻勢，都無法對他產生絲毫影響。所以，降魔不僅是降伏外在的魔，更重要的是降伏心魔。

問：魔王非常了解凡夫的心理，你需要什麼或害怕什麼，他都會拿出與之對應的東西來對付。但佛陀已經沒有欲望和恐懼，所以魔軍對他不起作用。我們非常好奇，佛陀當年是用了什麼方法，才能遠離欲望和恐懼，在菩提樹下明心見性？

答：這是非常重要的問題。佛陀成道後，說法四十五年，開示無量法門，引導眾生依此修行。可我們往往沒有注意到，佛陀自己是通過什麼方式修行、悟道的。關於這個內容，《阿含經》有很多記載。

佛陀剛出家時，參訪了當時印度的各種宗教，以驚人的毅力修習苦行和禪定，成就四禪八定。通過自身實踐，他覺得這些方法並不究竟。所以他又在此基礎上進一步修觀，這是開啟智慧、解脫生死的關鍵。

佛陀通過觀照發現，眾生的輪迴大體遵循十二個環節，分別是無明、行、識、名色、六入、觸、受、愛、取、有、生、老死，又稱十二因緣。以無明為本，導致我們產生各種行為。由此形成的業力，會推動我們投生，形成生命個體。再由眼根等認識世界的六個窗口，和外界產生接觸，帶來不同感受。如果此時沒有智慧觀照，會導致愛、取、有。進一步，則是生和老死。這是輪迴的心理過程。如果看不清，我們就會順著這些心理，一生又一生地隨波逐流。生死無盡，輪迴不休。

佛陀做了什麼，才使生命逆流而上，出現轉機？他看到，眾生都有老死之苦，那麼老死的根源是什麼？是因為生，所謂有生無不死。生從哪裡來？是因為有；有從哪裡來？是因為取；取從哪裡來？是因為愛……順著生命延續的規律，佛陀逐一追溯，發現根源在於無明。然後在智慧觀照下，照破無明，體證內在覺性。這就是佛陀悟道的方法。

同時他還發現，一切眾生都具有這樣的覺悟潛質，都能通過修行，解脫生死，超越輪迴。我們可以選擇佛陀採用或教授的方法，也可選擇祖師大德踐行的路徑。比如禪宗修行，是直接讓學人參「父母未生前本來面目」，在父母生下你之前，到底什麼代表著你？這是直接探尋生命的源頭，讓我們直接向內審視，體認覺性。

問：這句話太有力了。法師說到，佛陀是因為照破無明，才成為佛陀，我們也能根據這樣的方法去修。

關鍵是，佛陀說法四十五年，有八萬四千法門之多，現在的人應該怎麼修學？其中有沒有綱領？

答：過去的人學佛，往往只能接觸一宗一派，甚至一經一論。但在全球化的今天，我們有機會接觸到三大語系，無量法門，反而讓很多人感到困擾，不知如何選擇。那麼，佛法到底有沒有基本綱領？核心精神又是什麼？

佛陀悟道後，來到鹿野苑，闡述他所悟到的真理和覺醒之道。這個最初的說法，佛教稱為「初轉法輪」，核心是四諦法門。諦，即真實義，指四種真實不虛的道理。雖然佛典有三藏十二部，僅漢傳就有一萬多卷，但所有內容都沒有超出苦、集、滅、道四個字。

其中包含兩重因果，一是輪迴的因果，一是解脫的因果。前面說過，這是印度文化關注的兩大核心。輪迴的因果，指生命如何從過去延續到現在，再延續到未來，其間是遵循什麼樣的規律。印度各種宗教都會對此作出解釋，普遍認為輪迴是痛苦的，充滿迷惑和煩惱，生命的價值就在於走向解脫。但因為宗教師們的認識深度和實踐方法有別，所以這些解釋會存在不同程度的偏差。

佛陀出世也是要解決這兩個問題。四諦法門就為我們揭示，輪迴是遵循什麼樣的因果。苦諦，說明以迷惑和煩惱為基礎的生命，本質是痛苦的。集諦，說明生命的痛苦之因，那就是無明、煩惱、貪嗔痴。進一步，解脫又該遵循什麼樣的因果。滅諦，是徹底平息生命內在的迷惑和煩惱，證悟涅槃。道諦，是開啟內在覺性的方法，核心為八正道。

八正道中，正見、正思惟，代表對人生的正確認識，依此建立生命目標。正語、正業、正命，代表我們要過健康、清淨、如法的生活。正念、正定，是通過禪修開啟智慧，徹底擺脫煩惱，成就覺醒、自在的生命。正精進，是落實一切修行的增上。

佛法雖有三大語系、各種宗派，但所有法門都是圍繞輪迴和解脫，提供不同的觀察視角，施設相應的解脫之道。每個人的根機不同，起點不同，性格不同，修行的切入點也不同。不過，就像條條道路通羅馬那樣，起點雖然有別，最終卻匯歸同一個點。只有抓住要領，才能化繁為簡，直抵終點。否則，就容易四處涉獵，難以受益。

問：面對這麼多法門，特別需要善知識引領，才能找到適合當下的道路。今天是佛陀誕辰，在這殊勝的日子，您能否為我們介紹一下，佛陀出世對眾生有什麼樣的意義？

答：在這個世界，每個生命都有很多迷惑，使我們被煩惱折磨，使人生看不到出路。我們通過宗教找尋答案，但一般宗教認為，人是沒能力改變自己，也沒辦法拯救自己的，只能把命運交託給神。我們通過成家立業找尋幸福，但隨著物質的改善，又會發現，幸福並不純粹是外在條件決定的。而在面對重大煩惱及天災人禍時，更會倍感無力和幻滅。何去何從？

佛陀對世界的最大貢獻在於，發現每個眾生都有自我拯救的能力。就像陰雲密布、遮天蔽日時，背後依然是無垠晴空。生命也是同樣，當我們被迷惑和煩惱遮蔽，看不到人生方向時，佛陀告訴我們，在迷惑和煩惱的背後，內心還有佛菩薩那樣的覺悟潛質。開發這一潛質，我們就能拯救自己，解脫輪迴。這無疑給眾生帶來了信心，帶來了希望。

更重要的是，佛陀說法四十五年，用各種方法指出，如何從迷惑走向覺醒，如何實現生命的最大價值，為我們提供了究竟且行之有效的方法。在佛教兩千多年的流傳過程中，這些方法不斷被祖師大德所驗證。只要遵循這條道路，今天走，今天就會有力量；明天走，明天就會有收穫。這不是哲學式的玄談，也不是單純的信仰，從某種意義上說，佛法是一種生命科學。只要依照這套方法實踐，佛陀所說的一切，都可以用自己的生命去驗證。

問：佛陀是偉大的覺者，並把覺悟的方法告訴我們，對眾生有著重大的意義。我們作為佛弟子來說，對佛陀最好的紀念是什麼？

答：每年四月八日的佛誕，是漢傳佛教最重要的節日之一。包括南傳佛教地區的衛塞節，雖然時間稍有不同，但內涵是相同的。作為佛弟子，會採用各種方式來紀念這一天。

漢傳寺院中，普遍採用的是浴佛法會。近年來，隨著大眾的信仰需求，法會越來越隆重，參與者也越來越多。這當然值得隨喜，但僅僅參加法會，除了感受莊嚴、清淨的宗教氛圍，對佛陀究竟有多少了解？很多時候是非常缺乏的。我常常感慨，在漢傳系統中，信眾對阿彌陀佛、觀音菩薩耳熟能詳，開口阿彌陀佛，閉口觀音菩薩，對作為本師的釋迦牟尼佛反而沒那麼親切，沒那麼熟悉。這顯然是有問題的。如果不了解佛陀，不了解他的修行歷程和功德，我們究竟在信什麼，學什麼？

有鑑於此，我特別希望，把佛誕變成是大眾認識佛陀的契機。前些年，我專門在佛誕日作了一系列相關講座，還推出《走近佛陀，認識佛法》一書。我們紀念佛陀，不應該僅停留在宗教儀式上，更要開展認識佛陀的教育。因為佛陀是佛教的教主，是真理的發現者，佛法的闡述者。了解佛陀，有助於我們更好地修學並弘揚佛法，也有助於佛教的健康發展。學佛所言，行佛所行，才是對佛陀最有意義的紀念。

走近佛陀，認識佛法

在今天這個時代，我們可以方便地得到大量佛法資料，可以把整套三藏裝在電腦甚至手機中。這種便利不僅是古人難以想像的，即使對十多年前的我們來說，也是聞所未聞、見所未見的。而網路的普及，更為我們打造了一個足不出戶即可遍訪名師的平台。應該說，我們有著比以往任何時代更優越的修學條件。但從另一方面來看，這種便利也給我們帶來選擇上的困擾。尤其是初入門者，或目迷五色，無從入手；或雜學兼修，淺嘗輒止。現在有一種「選擇綜合症」，指的就是在面對眾多選擇時猶豫不決。我覺得，不少人在修學中也有類似狀況。

怎樣才能在菩提路上順利前行？這就需要了解修學的核心所在，了解每個步驟應該如何操作，如何承前啟後，次第前行。基於這一需要，我提出了佛法修學的五大要素，即皈依、發心、戒律、正見、止觀。把握這些要素，也就把握了修學根本。其中，皈依不僅是五大要素之首，還是貫穿始終的核心。而其後的發心、戒律、正見、止觀都是對皈依的深化和實踐，幫助我們從皈依住持三寶，進而成就自性三寶，成就佛法僧具有的一切功德。

所以說，皈依代表著人生最為重要的選擇。這是選擇一種究竟的智慧，足以解決生命疑惑；選擇一種高尚的品質，足以作為人生目標。確定這一選擇，才能帶領我們走出輪迴，走向解脫。在當今教界，修學狀況非常混亂。很多人雖然皈依了，但並不清楚三寶對我們意味著什麼，不清楚佛法對人生的意義是什麼，拜佛和求神的差別是什麼，佛教獨特的智慧在哪裡。於是乎，出現很多以訛傳訛的迷信現象，乃至似是而非的偽佛法。之所以會這樣，都和我們對佛陀的認識不足有關。

我們往往把佛陀當作一個信仰對象，一個求助中心。相應的，很多寺院也定位於信仰場所，以為只要給信眾提供禮佛敬香的殿堂即可。卻忽略了，佛陀本該是我們見賢思齊的榜樣，寺院本該是僧眾內修外弘的場所。一方面，成就僧眾安心辦道，證佛所證；一方面，引導信眾走入佛門，聽聞正法。遺憾的是，現在很多寺院偏離了這一根本，而是熱衷於旅遊，熱衷於經懺。雖然有了高大巍峨的殿堂，有了金碧輝煌的佛像，卻往往沒有法的內涵。事實上，如果不能起到表法的作用，殿堂不過是建築而已，佛像不過是雕塑而已。這樣的寺院，可能給信眾什麼樣的教育，可能給社會什麼樣的引導呢？

我們今天探討信仰建設，特別需要重新認識佛陀，這對每個佛弟子都具有特殊意義。漢地信眾有個奇怪的現象，不少人對阿彌陀佛和觀音菩薩耳熟能詳，可對與我們關係最為密切，在娑婆世界成道說法的本師釋迦牟尼佛卻知之甚少。須知，釋迦牟尼是佛法的源頭，如果沒有佛陀悟道說法，建立僧團，就沒有佛法在世間的流傳，我們也就沒有機會聞法、修行、解脫。可以說，不了解佛陀，是不可能建立正信的。

佛，意為覺者。這種覺悟並非與生俱來，他曾經和我們一樣，也是芸芸眾生之一。雖然身為王子，生活無憂，卻依然受制於老病死。為了找尋生命的出路，他在二十九歲時，毅然放棄世人嚮往的奢華生活，走上修行之路。其後六年，他尋師訪道，歷經種種坎坷，克服無數磨難，最終在菩提樹下徹見真理，圓成佛果。

學佛，簡單地說，就是以佛陀為榜樣，聞佛所言，學佛所行。所以說，佛陀的整個修行過程，對每個佛弟子都具有借鑑意義。但在很多佛教徒心目中，往往覺得佛陀離我們非常遙遠，高不可攀。我們不敢想像自己可以向佛陀學習，只覺得佛陀是再來人，他到人間的所有示現，無非是一些特殊經驗，是常人可望而不可即的。

所以，怎麼認識佛陀是關鍵所在。這就需要了解，佛陀和眾生的相同點和差異點在哪裡。這個相同點在於，佛陀也是從一介凡夫開始，通過修行才最終成佛。而佛陀證道時發現，一切眾生都有佛性，只因無明妄想不能證得。在佛性上，三世諸佛和六道眾生無二無別。換言之，我們和佛陀具有共同的起點，都具備成佛的潛質，也就是覺性。那麼，佛和眾生的差別在哪裡？就在於迷和悟的不同。眾生代表迷的狀態，佛陀代表覺的狀態。迷就是迷失覺性，就像烏雲蔽日。雖然眼前看不見太陽，其實它還在那裡。一旦驅散烏雲，覺性就能朗然顯現。

或許有人覺得，大乘經典經常講到佛陀放光動地，廣現瑞相，有無量神通變化，是眾生完全不能企及的。但我們要知道，這些只是能力上的差異，不是本質上的差異。佛與眾生的根本區別在於迷悟之間，而不在於能力大小。明白這一點，我們就會發現，佛陀的一切修行經驗都是可以借鑑的。

我們需要知道，佛陀為什麼要放棄王位而出家？他選擇這條道路，究竟要解決哪些問題？我們是否存在同樣的問題？

我們還要知道，眾生雖然具有佛性，但也具有魔性。對凡夫來說，我們都是活在魔性而非佛性的狀態，所以降魔是成道的必經之路，對佛陀如此，對我們也是如此。那麼，佛陀成道前是怎樣降魔，又降伏了哪些魔呢？

更重要的是，佛陀最後是採用什麼方法成道，夜睹明星悟到的又是什麼？如果不能明確目標，我們忙來忙去，可能根本就沒有上路。事實上，不少學佛人都存在這個問題。每天忙著做功課，求菩薩，但生命品質沒有絲毫改變，甚至修出了一堆貪嗔痴。

佛陀對這個世界的意義，不僅在於他成就解脫，還在於他成道之後，將解脫的原理和方法廣為宣說，讓每個有緣聞法的眾生都能走上解脫之道。佛陀在首次說法時，以苦集滅道四諦，將自己證悟的真理作了歸納。其後四十五年的種種說法，百般譬喻，都是圍繞這一綱要展開的。

以下，我們將通過對佛陀生平的介紹，圍繞佛陀的出家、求道、降魔、成道、說法，和大家一起走近佛陀，認識這個兩千多年前在菩提樹下證道的覺者，認識他所親證並宣說的真理。

一、出家

1．何為出家

有人說，佛陀的出家，是一種偉大的放棄。為什麼這麼說？因為家是占有的主要表現形式。當彼此因為血緣連接起來，又通過對感情、財富和親密關係的共同占有，就組成了「家庭」。一旦有了家，就會進一步強化對感情的貪著，對財富的貪著，對家人的貪著，從而形成一系列捆綁關係，使我們不得解脫。從這個意義來說，家就是無明的堡壘，貪著的堡壘。出家，正是擺脫貪著、走向解脫的重要方式。

解脫是印度文化的核心內容，也是有別於其他文化的重要特徵。印度地處熱帶，生存問題比較容易解決，所以人們普遍熱衷於打坐冥想，重視出世間的生活。他們不僅關注生存，還關注生死；不僅關注今世，還關注來世；不僅關注現實，還關注人生的終極問題。這種關注和實踐，使得印度的宗教哲學尤為發達。可以說，世界所有的宗教思想，幾乎都能在印度找到源頭。

印度的主流宗教是婆羅門教，也就是現在的印度教，已有三千多年歷史，主要經典為《吠陀》、

《奧義書》等。根據他們的教義，人類是從大梵天的不同部位出生的，生來就有貴賤之分，等級之別。這種等級又稱種姓，包括婆羅門、剎帝利、吠舍、首陀羅四種。

其中，婆羅門專門主持祭祀活動，地位最尊。婆羅門將人的一生分為四個階段：一是梵行期，跟隨師長學習《吠陀》等經典；二是家住期，成家立業，完成社會職責；三是林棲期，隱居山林，專心修行；四是遁世期，雲遊四方，乞食為生。也就是說，婆羅門在前半生關注的主要是世俗生活，而後半生關注的純粹是精神和信仰，是要解決人生永恆而非暫時的問題。

除了婆羅門以外，印度還有許多一生都在出家修行的宗教團體，如耆那教等。雖然教義不同，但這些宗教普遍認為輪迴是充滿迷惑痛苦的，唯有通過修行，才能解脫輪迴，成就涅槃。可見在佛教出現之前，印度已有非常濃厚的宗教氛圍。包括佛典中經常出現的業力、因果、涅槃等名相，也不是佛教特有的，而是印度傳統宗教共有的概念。不同只是在於，佛陀賦予它們究竟的解讀和詮釋。

在這樣一個文化背景下，當悉達多太子發願追求真理時，也選擇了出家修行的方式。但我們要知道，出家的重點，不僅在於剃髮染衣的形式，也不僅是出世俗的家，關鍵是在內心斷除執著，出五蘊的家、生死的家、輪迴的家。

2．悉達多太子為什麼要出家

佛陀出家前是迦毗羅衛國淨飯王的太子，名喬達摩．悉達多。自出生以來，就在王宮過著奢華安逸的生活，他曾對侍者阿難回憶說：

我很嬌貴，非常的嬌貴，極為嬌貴。在父王的宮殿裡，蓮花池特地為我而設。一處植青蓮花，一處植白蓮花，一處植紅蓮花。我絕不用非波羅奈城的旃檀香，頭巾、袍子、下裙與外衣全是由波羅奈城的布所裁製。為確保我不受冷、熱、塵、砂或露水的侵擾，一頂白傘蓋不分晝夜地舉在我的頭頂上。

我有三個宮殿：一個供冬季使用，一個供夏季，另一個則供雨季之用。在雨季的宮殿裡，有清一色的女性為我歌舞作樂。在這四個月裡，我從來不下樓到別的殿去。（A.3:38）

但這種享樂並未使太子沉溺其中。一次，當他出遊迦毗羅衛城時，在東門看到一位氣息奄奄的老翁，乃知老苦的可憐；在南門看到一位百病纏身的病人，乃知病苦的可厭；在西門看到一位被親友圍繞哭泣的死者，乃知死苦的可悲。當生命以這樣的方式呈現時，讓久居深宮、不知人間疾苦的太子受到極大震撼。

生活中，老病死每天都在發生。包括我們自己，同樣要面臨衰老、疾病，並終有一天會走向死亡。我們不願意老，但還是會老；我們不願意病，但仍然會病；我們不願意死，但不得不死。我們能做的，只是把這些視為禁忌，似乎這樣就能抵禦老病死的到來。如果我們說一個人「看起來老了」、「看起來像是病了」，一定會令對方悶悶不樂，甚至怒火沖天。至於死亡的話題，更是避之唯恐不及了。

但迴避就能解決問題嗎？事實上，一味迴避只會讓老病死變得更加令人恐懼，讓它帶來的打擊變得更加沉重。

那麼，當悉達多太子面對老、病、死的顯現時，又是怎樣的呢？他沒有沉溺於悲傷，也沒有選擇迴避，而是對青春、健康和榮華富貴產生極大的虛幻感。在南傳《增支部》中，佛陀曾這樣敘述自己的心路歷程：

雖然我有這般勢力與福報，我仍然想到：「一個未受教的普通人，終會衰老，無法避免衰老。當看到其他人衰老時，他感到震驚、羞恥與厭惡。因為他忘了自己同樣也會衰老，無法避免衰老。而我有一天也會衰老，避免不了衰老，所以在看到其他人衰老時，我不應感到震驚、羞恥與厭惡。」當我如此思惟時，就徹底袪除了青春所帶給我的驕逸。

我想到：「一個未受教的普通人，終會生病，無法避免生病。當看到其他人生病時，他感到震驚、羞恥與厭惡。因為他忘了自己同樣也會生病，無法避免生病。而我有一天也會生病，無法避免生病，所以在看到其他人生病時，我不應感到震驚、羞恥與厭惡。」當我如此思惟時，就徹底袪除了健康所帶給我的驕逸。

我想到：「一個未受教的普通人，終會死亡，無法避免死亡，當看到其他人死亡時，他感到震驚、羞恥與厭惡。因為他忘了自己同樣也會死亡，無法避免死亡。而我有一天也會死亡，無法避免死亡，所以在看到其他人死亡時，我不應感到震驚、羞恥與厭惡。」當我如此思惟時，就徹底袪除了活著所帶給我的驕逸。（A.3:38）

當衰老現前時，青春顯得多麼短暫；當疾病現前時，健康顯得多麼脆弱；當死亡現前時，活著顯得多麼無常。這種對比讓太子看到了世俗生活的虛幻本質。他發現，人生其實都在老病死的控制下，尤其是死神，可以瞬間推翻我們追求的種種結果。世間的人，一生忙忙碌碌地經營家庭，經營事業，卻意識不到，這些東西和我們的關係那麼短暫。太子想到，既然如此，為什麼要把寶貴的生命拿來追求這些？我應該去追求超越生死的涅槃之道。

南傳《中部經》有這樣一段記載：

阿難：在我覺悟之前，當還是個未覺悟的菩薩時，我自身受制於生、老、病、死、憂傷與煩惱，我所追逐的一切也受制於這些事物。我後來想：「為何自己受制於生、老、病、死、憂傷與煩惱，卻還要去追逐受制於這些事物呢？若我自己受制於這些事物，現在看到它們的過患，我應當去追求不生、不老、不病、不死、無憂、無惱的最上解脫——涅槃。」（M.26）

悉達多太子看到，每個人都受制於生老病死，我們擁有的一切，包括在世間的一切努力，同樣受制於生老病死。既然如此，就應該去追求不生、不老、不病、不死、無憂、無惱的解脫之道。否則的話，哪怕眼前擁有再多，也是轉瞬即逝、朝不保夕的，又有什麼意義呢？經過這番抉擇，他生起了堅定的求道之心。

為什麼悉達多太子決定出家而不是在家修行呢？因為他看到，世俗生活充滿羈絆，違緣重重，不容易專心修道。真正想要解脫生死，通達涅槃，出家無疑是最好的方式。

《中部經》記載了太子是如何作出這一決定的：

在我覺悟之前，當還是個未覺悟的菩薩時，我想：「在家的生活雜亂不潔，出家的生活寬廣無羈。在家要修如光輝真珠般圓滿清淨的梵行，談何容易？我何不剃除鬚髮，著袈裟，出家而過無家的生活呢？」（M.36,100）

後來，當我仍年輕，有著一頭黑髮，充滿青春氣息，剛剛步入人生的第一階段時，於父母不贊成，並為此而悲傷流淚之中，我剃除鬚髮，著袈裟，出家而過無家的生活。（M.26,36,85,100）

這就是佛陀出家的緣起。他的選擇，對所有希望探索生命真諦的人都具有啟迪作用。因為老病死是每個人無法避免的，也是我們必須面對和思考的。遺憾的是，多數人卻寧願對此視而不見，就像鴕鳥把頭埋入沙子那樣，用一個安全的假相，讓自己甘於現狀。殊不知，這樣做的結果只能是坐以待斃。

3．佛陀出家的啟示

作為佛陀的弟子，我們不僅是他的信仰者，還是他的學習者，追隨者。

對於出家眾來說，我們要時時提醒自己：出家的目的是什麼？前進的方向在哪裡？否則的話，就會在不知不覺中把出家當作一種生活方式，忘卻出家的本懷，僧人的使命。這樣的話，不過是出一家而入一家，是從個人的小家進入寺院的大家庭，進而把對家庭的執著轉向對寺院的執著。雖然執著對象變了，但執著本身沒變。可以說，這並不是真正意義上的出家。

對於在家眾來說，我們也要時時提醒自己：學佛的發心是什麼？最終的目標在哪裡？否則的話，往往會把學佛當作生活中的一項內容，甚至是一種點綴。尤其在學佛逐漸成為時尚的今天，不少人把它當作提高生活品味的標籤之一，就像品茶焚香那樣，可以把玩，可以炫耀。但我們要知道，如果不能將生命重心從自我轉向三寶，不能對佛法僧產生信賴感和歸宿感，不能全身心地和法相應，自然會和自我相應，和煩惱相應。所謂的學佛，就會流於形式，漸行漸遠。

《法華經》說：「諸佛世尊唯以一大事因緣故出現於世。」究竟是什麼大事？經中，佛陀接著回答了這個問題：「舍利弗！云何名諸佛世尊唯以一大事因緣故出現於世？諸佛世尊欲令眾生開佛知見，使得清淨故，出現於世；欲示眾生佛之知見故，出現於世；欲令眾生悟佛知見故，出現於世；欲令眾生入佛知見道故，出現於世。」也就是說，諸佛就是為了令眾生行佛所行，證佛所證，才出世說法，廣度群迷。

佛陀在菩提樹下證道時發現，每個眾生都具有覺悟潛質，具有和佛陀無二無別的智慧德相。正因為這樣，佛陀才苦口婆心地說法四十五年，談經三百餘會，以八萬四千法門接引眾生，引導他們依法修行，開啟生命寶藏。

所以說，了解佛陀出家的經過和出世的本懷，能夠幫助我們深入思考學佛的意義。不論我們以什麼身分學佛，都要認識到：學佛對人生意味著什麼？真理對我們意味著什麼？如果不對這些問題深入思考，只是根據自我感覺或受他人影響信佛，很可能把信佛和拜神等同起來，把學佛和愛好等同起來，成為一種膚淺甚至盲目的信仰。

二、求道

出家不僅是身分和生活方式的改變，關鍵是為了解決問題，超越生死。如果沒有求道之心，即使剃髮染衣，過著晨鐘暮鼓的出家生活，內在品質也不會因此改變，那就違背出家的初衷了。所以悉達多太子出家成為沙門瞿曇後，就開始了求道生涯。這個道，正是解脫之道，覺醒之道。所謂解脫，就是從生老病死的輪迴中解脫，從身不由己的煩惱中解脫。所謂覺醒，就是從不辨是非的無明中覺醒，從以苦為樂的迷惑中覺醒。

在輪迴的漩渦中，我們只是一片隨波逐流的落葉，隨著往昔業力飄蕩，隨著混亂情緒飄蕩，隨著錯誤想法飄蕩。這就是眾生的生命現狀，過去如此，現在依然如此。如果不加以改變，未來還將無窮無盡地重複下去。

那麼，如何才能從輪迴中解脫，從迷惑中覺醒？當我們說到解脫時，很多人可能會覺得，這是離我們非常遙遠的一種境界，和現實毫不相干。但我要告訴大家，解脫離我們並不遙遠，也不是形而上的玄想。事實上，每個人都有解脫的需求。

當我們感到疲憊時，當我們陷入煩惱時，當我們遭遇痛苦時，難道不希望從中解脫嗎？難道願意讓疲憊、煩惱和痛苦繼續下去嗎？我們通過娛樂來轉移目標，通過發洩來加以對抗，通過毒品來麻痺心靈，甚至有人通過自虐來讓身體分擔內心的痛苦，所有這一切，其實都是為了尋求解脫。但這些方式只能帶來暫時的安慰，而且是一種充滿副作用的安慰。就像把希望寄託在一根稻草上，最後只會沉得更深，更難浮出水面。

在其他宗教中，通常是將天堂視為解脫。但佛陀通過對生命的追溯發現，天界雖然比人間幸福安樂，但不代表究竟解脫。因為天堂只是生存環境的改變，並非內在品質的改變。即使我們因為善業得生天道，但只要煩惱未斷，業力未盡，一旦天福享盡，最終還是要淪落六道，流轉生死。佛經中就有很多這樣的記載。有些天子天福將盡時，以神通看到自己未來會墮落貧賤之家，甚至淪為畜生，不由驚慌失措，祈求佛陀幫助。可見生天也是不究竟的，是暫時而非永久的福報，更不是真正的解脫。

那麼，出家後的沙門瞿曇是怎樣開始求道生涯的呢？

1・參訪仙人，修習禪定

禪定是印度非常盛行的修行方式，可以調伏妄念，令心安住。在禪定狀態下，修行者會因暫時平息妄念感到喜悅，所以很多人就陶醉在定境帶來的樂受中，以為這就是解脫。沙門瞿曇也是從禪定開始修行。他曾參訪當時印度非常著名的兩位宗教師，一位是阿羅邏迦羅摩，已成就無所有定；一位是郁陀迦羅摩子，已成就非想非非想處定。他曾對侍者阿難回憶這段求道經歷：

> 阿難：現在我出家過無家的生活，為追求最善的，追求無上寂靜的最高境界。所以，我去找阿羅邏迦羅摩，對他說：「吾友，迦羅摩！我想以此法與律而修梵行。」當我說完後，阿羅邏迦羅摩告訴我：「尊者！你可以住下來。在此的教法，無須很長的時間，智者便透過證智，而獲得、安住、證知此教法，這就是老師所了知的一切。」

我很快學習完那些教法，我可以聲言，就僅僅以嘴唇複述，以及背誦他的教法而論，我能以智與信心來述說。而且我知道也見到，除了我之外，還有其他人也可以做到如此。我思惟：「阿羅邏迦羅摩並非單憑信心而宣說教法，因為他透過證智，而獲得、安住、證知此教法。可以肯定地說，他透過親身的知與見而安住於此教法中。」

我於是去見阿羅邏迦羅摩，對他說：「吾友，迦羅摩！你自稱透過證智，而獲得、安住、證知此教法，是到何種程度？」此話說完，他聲稱所達到的是無所有處。我於是想到：「並非唯有阿羅邏迦羅摩具足信、精進、念、定、慧五根，我自己也具足。假如我也努力，去證知他透過證智而獲得、安住、證知的教法，結果會如何呢？」

我很快就成功地做到這一點，於是去見阿羅邏迦羅摩，對他說：「吾友，迦羅摩！你自稱透過證智，而獲得、安住、證知此教法，就是這個程度嗎？」他告訴我的確如此。「吾友！我透過證智，而獲得、安住、證知此教法，也是這個程度。」

「我們是有福的，朋友！在梵行的生活裡，我們值遇如此尊貴的同行者，實在真是幸運。我宣說透過證智而獲得、證知的教法，你也透過證智而獲得、安住與證知它。再者，你透過證智而獲得、安住、證知的教法，正是我宣說透過證智而獲得、證知的教法。所以，你了知的教法，我也了知；我了知的教法，你也了知。我是如此，你也是如此；你是如此，我也是如此。來！朋友，讓我們共同領導這個團體吧！」之後，我的老師阿羅邏迦羅摩，就把我這個學生擺在與他同等的地位，給予我最高的崇敬。

我想：「這一教法無法把人導向離欲、離貪、滅盡、寂靜、證智、覺悟與涅槃，而僅僅導向無所有處。」我不滿意這教法，於是離開它而繼續自己的探索。

為追求最善的，追求無上寂靜的最高境界，我找到郁陀迦羅摩子，對他說：「朋友！我想以此法與律而修梵行。」（M.26,36,85,100）

根據經典記載，沙門瞿曇在郁陀迦羅摩子指導下的修行經歷，除了成就更高的非想非非想處定之外，和在阿羅邏迦羅摩處所經歷的完全一樣。當他具足和兩位仙人同等的定力時，卻發現，禪定只是意識的特定狀態，雖然煩惱暫時不起現行，但還處在有漏的妄心系統，並未超越。僅僅依靠禪定，無法將人導向離欲、離貪、滅盡、寂靜、證智、覺悟和涅槃。所以，他又開始新的探索。

2．修習苦行

苦行，簡單地說，就是艱苦卓絕、挑戰身體極限的修行方式。和禪定一樣，盛行於印度各個宗教。他們認為，一切痛苦都是因為人有太多欲望造成的。唯有通過對色身的百般折磨，才能消除欲望，成就解脫。

這種傳統一直延續至今。我們到網路搜索，還會看到很多奇特的苦行，其中一些行為可謂極端自虐，近乎瘋狂。這樣就能消除欲望，淨化身心嗎？其實，當肉體飽受折磨時，欲望只會暫時蟄伏起來。因為身心所有能量都在忍受折磨，已經沒有餘力來啟動欲望了。可蟄伏不等於消亡，一旦有可乘之機，欲望還是會捲土重來。甚至於，因為壓抑已久而變得更洶湧，更強悍。

在沙門瞿曇的求道過程中，也曾經過六年苦行，親歷種種艱苦卓絕的修行。南傳《中部經》記載，他曾嘗試以閉氣的方式修行：

我又想：「假如我修習止息禪，那會如何呢？」我於是停止用口鼻呼吸。當如此做時，我聽到很大的風聲由耳而出，有如鐵匠鼓動風箱時所發出的吵聲一般。

我停止用口、鼻與耳朵呼吸。當如此做時，強風撕絞著我的頭，我的頸彷彿被一個壯漢用利劍劈開。然後便是劇烈的頭痛，彷彿有個壯漢正使勁地勒緊箍在我頭上的皮條。接著，強風割開我的腹部，彷彿一個熟稔的屠夫或其學徒用利刀切開公牛的肚子。之後，我感到劇烈灼人的腹痛，彷彿有兩個壯漢抓住一個疲弱的人的兩個胳膊，把他放在一堆煤火上燒烤。

雖然我生起不疲厭的精進，也建立起不斷的正念，然而身體變得勞動過度且不平靜，因為這痛苦的精進讓我感到精疲力盡。不過，如此痛苦的感受對我的心完全沒有影響。（M.36,85,100）

雖然閉氣帶來的痛苦使沙門瞿曇精疲力盡，接近死亡邊緣，但他並未放棄苦行，而是進一步限制飲食，想通過餓其體膚來解脫。他每天只喝少量豆汁，近乎絕食。經中這樣記載：

我又想：「假如我吃很少的食物，例如每次只喝少量的豆子汁、扁豆汁或豌豆汁，那會如何呢？」於是我便這樣做了。

當如此做時，我的身體變得骨瘦如柴，四肢變得像接合在一起的藤條或竹節。只因為我吃得太少，我的臀部變得像駱駝的蹄；隆起的脊椎骨，猶如串起的珠子；肋骨瘦削突出，猶如舊穀倉屋雜亂無章的椽木；眼光深陷入眼窩，猶如深井中映現的水光；頭皮皺縮，猶如因風吹日曬而皺縮凋萎的綠葫蘆。若觸摸肚皮，就能摸到脊柱；觸摸脊柱，就能摸到肚皮。大小便時，頭會向前倒去。當以手搓揉四肢以放鬆身體時，身上的毛髮因根部爛壞而紛紛脫落，只因為我吃得太少。

當人們看到我時，他們會說：「沙門瞿曇是黑皮膚的人。」其他人說：「沙門瞿曇不是黑皮膚，而是棕色皮膚的人。」更有別的人說：「沙門瞿曇既不是黑皮膚，也不是棕色皮膚，而是白皮膚的人。」由於我吃得太少，清淨、皎潔的膚色因而損壞了。（M.36,85,100）

在這段講述中，我們可以看到，沙門瞿曇經歷了多麼嚴苛而極端的苦行。因為吃得太少，他的身體日漸枯萎，搖搖欲墜，最終卻發現，這是一條沒有結果的歧路。正如世尊後來對侍者阿難所說的那樣：

我想，當一個沙門或婆羅門，不論在過去、未來或現在經歷這種由努力所引起的痛苦、折磨與刺穿的感受，頂多與我現在經歷的相等，但絕不會超過它。然而，透過這樣嚴酷的苦行，我並未到達超越常人的境界而獲得聖人的知見。（M.36,85,100）

經歷了常人難以企及的折磨後，沙門瞿曇並沒有因此解脫，也不曾引發智慧。這些親身經歷使他明白：苦行並非通往覺悟的正道。當然這絕不是說，享樂才是通往覺悟的正道。佛陀反對的，是沒有意義的無益苦行，或以自苦其身為究竟的錯誤觀念。

3．放棄苦行，尋找通往覺悟的正道

在印度，禪定和苦行是最為盛行的修道方式。可當沙門瞿曇證悟四禪八定中最高的非想非非想處定，並經歷常人無法超越的極端苦行後，並沒有因此解脫。那麼，解脫之路究竟在哪裡？在繼續探尋的過程中，他回想起少年時的一段經歷。

《中部經》記載：

我想到有一回父親釋迦王在勞作時，我坐在閻浮樹蔭下，遠離感官的欲望，遠離不善法，我進入初禪，伴隨它的有尋、伺，以及由遠離而生的喜與樂。我想：「這會是通往覺悟的方法嗎？」之後，回憶起那段往事，我明白這確實是通往覺悟的方法。

然後，我又想到：「為何我要害怕這種樂呢？它是樂，但它與感官的欲望和不善法無關。」我於是想到：「我不害怕這種樂，因為它與感官的欲望和不善法無關。」（M.36,85,100）

當年的禪修體驗使他認識到，不必拒絕這種由放鬆身心帶來的禪悅，因為它與感官欲望無關，也與不善法無關。如果在此基礎上繼續深入，必能找到解脫之路。這條道路，正是佛陀日後時常告誡弟子的中道，一方面是遠離身心欲望，一方面是避免自苦其身。但在苦行之風盛行的時代，這種方式並不容易被人接受。甚至與他一同修行的五位追隨者也對此產生誤解，以為他退失道心了。《中部經》記載：

我想到：「以如此極端瘦弱之身，我不可能得到那種樂。或許我該吃一些乳粥與麵包的固體食物？」

那時有五位比丘在照顧我，他們的想法是：「若沙門瞿曇證到某種境界，他必定會告訴我們。」當我一開始吃粥與麵包的固體食物時，那五位比丘感到厭惡，於是離我而去，他們想：「沙門瞿曇已開始放逸，捨棄精進，而回復奢侈的生活了。」（M.36,85,100）

這也從一個側面說明，找到正確的修行之路是多麼艱難。當一個人有了錯誤認知，即使正道就在眼前，也不會認可，更不會追隨。佛世時，印度有九十六種外道，他們都在尋求解脫，為此付出了不懈努力。為什麼他們不能解脫？是他們的定力不夠嗎？是他們的精進程度不夠嗎？都不是。關鍵就在於，沒有找到通往解脫的正道。當方向錯了，哪怕再努力，也是南轅北轍，永遠不能到達終點。

相比之下，我們能在兩千多年後得遇佛法，依佛陀的指引修行，是多麼值得慶幸啊！因為這一教法不是輕易得來的，不是天啟，不是神授，而是佛陀用生命實踐的，是歷經種種難行苦行，從無數挫敗中上下求索而來的。當我們真正生起求道之心，才能體會到，佛陀給予我們的究竟有多麼珍貴，多麼難得。

三、降魔

找到正確的修行之路，未必就能一帆風順地前行。因為修行如一人與萬人敵，期間會遇到種種障礙，相信這是每個學佛人或多或少經歷過的。而在接近終點時，還有一場決定勝負的殊死較量。在沙門瞿曇將成道前，波旬的魔宮震動了，這意味著無明建立的輪迴系統即將解體。波旬是欲界他化自在天的天主，一切輪迴眾生都在其管轄之下，唯有覺悟，才能脫離其勢力範圍。所以，當沙門瞿曇的修行進入最後階段，將要擺脫魔的掌控時，魔就氣勢洶洶地前來阻撓。

說到魔，我們往往會聯想到傳說中那些青面獠牙或嗜血成性的形象，而佛教所說的魔，泛指一切斷人善根、阻礙解脫的力量。包括外在的魔王，也包括內在的魔性。在佛陀修行、成道乃至弘法的整個過程，波旬就是這樣一個陰魂不散，以種種方式不斷干擾的魔王。

1．戰勝魔軍

當沙門瞿曇在尼連禪河畔精進修行時，波旬就來假意勸說道：「你是如此消瘦，恐怕死期將近。所以你不該繼續用功，這條路太艱難，太讓人難以承受了。你應該好好活著，這樣才能擁有福德，享受人生。」

類似的勸說，很多修行人應該都經歷過。當我們學佛修行，尤其是比較精進的時候，親友往往會用親情、享樂來誘惑我們，「動之以情，曉之以理」。但我們要知道，這是世俗的「情」，輪迴的「理」。如果我們因此動搖，其實就意味著「魔」的勝利。所以說，魔有著千變萬化的形象，手段也層出不窮，絕不僅僅是一味的恐嚇。面對波旬的干擾，沙門瞿曇的回答是：

放逸之人汝惡魔，來此是為己目的，
我於福德無所需，魔羅可為需者說。
因我有信與精進，此外還有智慧生，
如是調伏於己身，汝何對我說活命？
風之吹拂能乾涸，彼之滾滾長流水，
如是調伏己身時，何能不乾我身血？
而當血液乾涸時，膽汁、痰液也乾涸，
當肉體漸疲憊時，能使我心益澄靜。
我將具足念與慧，也具更高之禪定，
如此生活我了知，感受之最高極限，
我心不尋求欲樂，汝見眾生中純淨。
汝之一軍是愛欲，汝之二軍是不樂，
第三支軍是飢渴，第四支軍是渴愛，
第五支軍是昏眠，怖畏是第六支軍，
懷疑是第七支軍，八軍是惡毒頑固，
利養、榮譽與名聲，還有邪行得名聲，（第九軍）

稱揚自己貶他人。（第十軍）
此等皆是黑魔軍，全是汝之戰鬥軍，
唯有勇者能勝彼，而得勝利之喜悅。
我揮不撤之軍旗，我說惜命為可恥，
寧可戰死於沙場，不願失敗而苟活。
曾有沙門婆羅門，此時投降而匿跡，
彼等必定不了知，朝聖者所行之道。
今見環繞之魔軍，我裝備作戰象軍，
奮躍與之行戰鬥，不願被人所驅退。
縱世界一切諸天，無法擊退汝魔軍，
我今以慧摧破它，如以石頭破木缽。（Sn.3:2）

在這段偈頌中，沙門瞿曇首先闡明了自己修道的決心和毅力：「放逸的惡魔，只是為了自身目的來此阻撓我修道。但我對福德沒有任何希求，因為我已擁有信心、精進和智慧，這些都能令我調伏身心。」進而，看清了波旬的所有軍隊和伎倆：魔的第一軍是愛欲，第二軍是不樂，第三軍是飢渴，第四軍是渴愛，第五軍是昏眠，第六軍是怖畏，第七軍是懷疑，第八軍是惡毒和頑固，第九軍是利養、榮譽和名聲，第十軍是稱揚自己、貶低他人。

雖然魔軍看似可怕，但這種可怕是對於怯弱者而言。只要發心勇猛，精進不退，一定能戰勝魔軍。

所以，沙門瞿曇堅定地告訴魔羅：「我要揮舞永不撤退的戰旗，在這場輪迴和解脫的戰鬥中，一味惜命是可恥的懦夫行為。作為發心超越輪迴的勇士，寧可戰死沙場，也不願失敗而苟活。因為那樣活著毫無意義，只會讓生命墮落而非提升。曾有許多修行人就在這個階段被迫投降，從此銷聲匿跡，因為他們不了解修行者應該做的是什麼。面對重重環繞的魔軍，我已裝備好作戰的象軍，即使與他們決一死戰，也不會輕易被魔羅嚇退。縱然世上一切諸天都無法擊退魔軍，但我以智慧作為武器，就一定能摧破它，好比用石頭砸破木缽那樣。」

面對魔的誘惑乃至恐嚇，沙門瞿曇沒有恐懼投降，而是奮起迎戰。為什麼他有必勝的信心？因為他的內心已經沒有任何貪欲和恐懼。真正能戰勝我們的，其實不是外在的什麼，而是內心的在乎和執著。如果一個人貪色，就會成為美色的俘虜；貪權，就會成為權力的俘虜；貪財，就會成為錢財的俘虜。只要我們還在希求什麼，害怕什麼，放不下什麼，當這個「什麼」出現時，我們就注定會成為失敗者。因為內魔已潛伏多時，只待外魔到來，立刻裡應外合，興風作浪。而沙門瞿曇已經戰勝內在魔性，所以當外魔出現時，才能不受干擾，無所畏懼。

佛陀的這段經歷，對每個修行人具有重要的借鑑意義。降魔首先要降伏自己，如果我們內心沒有貪嗔痴等種種煩惱，就不會被內奸出賣。事實上，煩惱才是最可怕的敵人，所謂家賊難防。一旦戰勝心魔，無論出現誘惑還是恐嚇，我們都有能力保持覺知，取得勝利。

2．魔性和佛性

佛教認為，一切眾生都有佛性。在這個層面，眾生和佛菩薩是無二無別的。既然這樣，為什麼現實中的我們和佛菩薩有著天壤之別？那是因為，我們同時還有魔性，也就是無始無明。與此相關的概念，還有悟與迷，明與無明，覺與不覺。

當魔性得到張揚，我們就會被魔控制，成為魔的傀儡。佛教中，將魔歸納為四種，分別是五蘊魔、煩惱魔、死魔、天魔。所謂五蘊魔，指有漏的色受想行識五蘊，能生一切苦；所謂煩惱魔，指貪嗔痴等惱害身心、令人躁動的習氣；所謂死魔，即通常所說的死亡，能斷人命根，使我們失去用來修行的色身；所謂天魔，則是波旬之類的外魔。這四種魔，是根據對修行形成的不同障礙而建立的。

其中，前三者是內魔，也是我們要降伏的重點所在。只有降伏內魔之後，我們才有力量迎戰外魔。為什麼欲界眾生都在波旬的掌控下？事實上，這種掌控並不是上帝式的，通過外力實施懲罰，而是利用我們內在的煩惱加以控制。因為我們內心有煩惱，魔才能乘虛而入，掌控主權。

在斷除煩惱之前，我們始終都在與魔共處。我們應該有這樣的經驗，每當自己想要精進時，就會遭遇各種障礙。除了外界干擾，自身串習也會伺機而動。想要早起，睡意會來阻撓；想要聞法，妄念會來阻撓；想要禪修，昏沉會來阻撓，不一而足。可以說，這些較量伴隨修行的各個階段。隨著修行的深入，干擾也會逐步升級，越來越難以對治。有時，甚至會讓我們對修行、對三寶產生懷疑。但不論遇到什麼考驗，唯一的選擇就是戰勝它，否則是沒有出路的。

在認清內在魔性的同時，我們也要看到，每個眾生都有成佛潛力。即使遇到再大的困難，再多的挫折，這個佛性從來不會消失，也不曾減少。這也是修行的希望所在。從某種意義上說，降魔就像闖關一樣，戰勝一次，就能闖過一關，而終點就在重重關卡的盡頭。所以，降魔是修行的重要環節。不僅佛陀需要降魔才能成道，包括我們每個人，也需要過關斬將，戰勝魔軍，才能在修行路上不斷前行。

四、成道

降伏魔軍之後，沙門瞿曇在菩提樹下結跏趺坐，修習止觀，觀察緣起，最終成就菩提。那麼，他究竟悟到什麼，成就什麼？又是通過什麼方法成道的？佛陀對世間最大的貢獻就在於，通過自身探索，找到生命的解脫之道，覺醒之道。對今天的人來說，這些經驗是否具有可行性？還是說，這是佛陀特有的、他人無法複製的經驗？關於這個問題，我們需要從佛典，從佛陀自己的講述中來了解。

1．修習四禪，開發三種智慧

南傳《中部經》記載，沙門瞿曇由修習四禪，並在禪定基礎上修觀而證悟三種智慧，分別是宿命智、有情生死智和漏盡智。又因具足漏盡智，而能徹底斷除煩惱，成就解脫。

（1）修習四禪

沙門瞿曇放棄無益苦行後，接受了牧女供養的乳糜。當體力恢復到可以繼續禪修時，他在菩提樹下發願：如果不證悟解脫，就不從此座起身。然後修習禪定，依次成就初禪、二禪、三禪、四禪。這四種是關於定境的不同標準，當修行者通過禪修令心持續穩定地安住，具足尋、伺、喜、樂、一境性五禪支，即證入初禪。然後通過捨禪支，捨尋和伺，證入二禪；捨喜禪支，證入三禪；捨樂禪支，證入四禪。關於修習四禪的經歷，佛陀這樣對阿難回憶說：

> 當我吃了固體的食物，恢復了體力，遠離欲望，遠離不善法後，便獲得並住於初禪，伴隨它的有尋、伺，以及由遠離而生的喜與樂。但我不讓這已生的樂受控制心，當止息尋與伺後，便獲得並住於第二禪中，於內生起淨信，沒有尋與伺而心專一，以及由定所生的喜與樂。但我不讓這已生的樂受控制心，當喜也減弱後，我住於捨、念與正知，還有感覺身體的樂受，便獲得並住於第三禪中，也就是聖人所說的：「他以捨、念，而住於樂受之中。」但我不讓這已生的樂受控制心，當我捨斷身體的苦、樂二受，先已滅除心理的憂、喜二受，便獲得並住於第四禪中，不苦不樂，以及由捨而生的念的清淨。但我不讓這已生的樂控制心。（M.36）

通過禪修，沙門瞿曇遠離欲望和不善法，安住其心，證入初禪。但他並不以此為足，不讓已生的樂受控制心，而是繼續精進。通過止息尋和伺證入二禪，再通過止息喜證入三禪，最後通過止息樂證入四禪。

禪定並非佛教特有的修行，而是印度很多宗教共有的。其中，四禪屬於色界的定，再加上無色界的四空定，即空無邊處定、識無邊處定、無所有處定、非想非非想處定，合稱四禪八定。在其他宗教中，往往會把得定作為究竟，以為這就是涅槃，就是解脫。比如沙門瞿曇之前的兩位老師，阿羅邏迦羅摩以無所有處定為究竟，郁陀迦羅摩子以非想非非想處定為究竟。但沙門瞿曇通過親身實踐發現，得定並不是終點，只能讓煩惱暫時不起現行，並不具備斷除煩惱的能力。所以在佛法修行中，是把得定作為繼續修觀，進而開發智慧的基礎。從這點來說，得定只是獲得進入核心修行的駕駛技能。但取得技能本身不是目的，目的是往正確方向前行。

（2）得宿命智

在證入四禪並安住其中後，沙門瞿曇的心清淨、明晰而穩定。藉助這種強有力的定心，他將心導向觀智，導向對生命之流的追尋，從而成就宿命智。

關於這個過程，《中部經》記載：

> 我得定的心如是變得清淨、潔白、無垢、無穢，當心變得柔軟、有力、穩定、安住不動時，我把心導向於憶宿命智。我憶念種種過去世，也就是我的前一生、二生、三生、四生、五生、十生、二十生、三十生、四十生、五十生、百生、千生、十萬生，世界的無量成劫、無量壞劫、無量成壞劫，憶念：「我生在此地，有如是名、如是種姓、如是貌、如是食、如是苦樂之受、如是壽限。此世壽盡，我轉生彼地，也有如是名、如是種姓、如是貌、如是食、如是苦樂之受、如是壽限。彼世壽盡，我又轉生於此。」以如此各種的細節與特殊情況，憶念起自己種種的過去世，這是我在初夜獲得的第一個真實的智。正如發生在任何一個精進、熱忱、不放逸的人身上般，驅走無明而真實的智生起，驅走黑暗而光明生起。但我不讓這已生的樂控制心。（M.36）

通過觀智，沙門瞿曇看到自己的前生，再前生，乃至之前的生生世世。在百劫千生中，他曾出生某地，姓甚名誰，身形如何，壽命多少。這一世壽終後，馬上又轉生他方，身形如何，壽命多少等等。過去無量世的細節一一展現，他是這樣，一切眾生也是這樣，在業力之輪的推動下，生而復死，死而復生。

由此，沙門瞿曇在初夜分證悟宿命智，了知過去生的一切。這在佛陀後來講述的各種經典，尤其是《本生經》中有很多記載，如《佛說菩薩投身飼餓虎起塔因緣經》、《佛說九色鹿經》等等。但他清楚地知道，這還不是終點，不是究竟。這種智慧的成就，就像每一個精進的修行人那樣，因為驅走黑暗而令光明顯現。但黑暗並未徹底消失，所以，他不讓已經生起的樂控制心。

（3）得有情死生智

在證悟宿命智之後，沙門瞿曇進一步將心導向觀智，於中夜分成就有情死生智。也就是說，他不僅看到自己曾經的生生世世，也看到無量眾生的生生世世。

關於這個過程，《中部經》記載：

我得定的心如是變得清淨、潔白、無垢、無穢，當心變得柔軟、有力、穩定、安住不動時，我把心導向於有情死生智。以勝過常人的清淨天眼，見眾生的死時與生時，知其各隨投生之處，而有貴賤與美醜，幸與不幸。如此，我明白眾生如何依自己的業行而流轉生死：「這些世間眾生，造身惡行、語惡行、意惡行，誹謗聖人，懷諸邪見，行邪見業。一旦身壞命終，便轉生於苦界、惡趣、墮處，乃至地獄。但那些世間眾生，具身善行、語善行、意善行，不誹謗聖人，心懷正見，行正見業。一旦身壞命終，便轉生於善趣，乃至天界。」如此以勝過常人的清淨天眼，我見眾生的死時與生時，知其各隨投生之處，而有貴賤與美醜，幸與不幸。如此，我明白眾生如何依自己的業行而流轉生死，這是我在中夜獲得的第二個真實的智。正如發生在任何一個精進、熱忱、不放逸的人身上般，驅走無明而真實的智生起，驅走黑暗而光明生起。但我不讓這已生的樂控制心。（M.36）

通過勝於常人的清淨天眼，沙門瞿曇看到芸芸眾生因為造作不同業力，而有形形色色的生命形態。即使同樣生而為人，也有貴賤之分，美醜之別，有完全不同的人生起點。他看到眾生因為身語意的惡行招感苦果，或因身語意的善行招感樂果。通過這些現象，他看到眾生流轉生死的原理，看到「如是因感如是果」的必然規律。

由此，沙門瞿曇在中夜分證悟有情死生智。但他清楚地知道，這還不是終點，不是究竟。這種智慧的成就，就像每一個精進的修行人那樣，因為驅走黑暗而令光明顯現。但黑暗並未徹底消失，所以，他不讓已經生起的樂控制心。

（4）得漏盡智

在證悟有情死生智之後，沙門瞿曇進一步將心導向漏盡智，如實了知「此是苦，此是集，此是滅，此是道」。從而令心解脫，於後夜分成就漏盡通。

關於這個過程，《中部經》記載：

我得定的心如是變得清淨、潔白、無垢、無穢，當心變得柔軟、有力、穩定、安住不動時，我把心導向於漏盡智。我以證智如實知「此是苦」，如實知「此是苦之集」，如實知「此是苦之滅」，如實知「此是苦滅之道」。我以證智如實知「此等是漏」，如實知「此是漏之集」，如實知「此是漏之滅」，如實知「此是漏滅之道」。我如是知，如是見，心便從愛欲漏中解脫，從有漏中解脫，從無明漏中解脫。當心解脫時，生起「此是解脫」之智，我證知：「我生已盡，梵行已立，所作皆辦，不受後有。」這是我在後夜獲得的第三個真實的智。正如發生在任何一個精進、熱忱、不放逸的人身上般，驅走無明而真實的智生起，驅走黑暗而光明生起。但我不讓這已生的樂控制心。（M.36）

初夜和中夜之後，沙門瞿曇在後夜繼續禪觀，證悟第三個真實的智，即漏盡智。所謂漏，就是凡夫的生命狀態，充滿迷惑，充滿煩惱。在強有力的觀智中，沙門瞿曇如實了知世間一切痛苦的現象、產生痛苦的因、滅除痛苦的狀態和滅除痛苦的方法，也如實了知一切煩惱的現象、產生煩惱的因、滅除煩惱的狀態和滅除煩惱的方法。由此，從愛欲漏中解脫，從無明漏中解脫，從一切有漏中解脫。這是佛教與一切宗教不共的智慧，也是沙門瞿曇成為「佛陀」（覺者）的關鍵。所以從佛教的角度來說，最大的神通不是上天入地，化身萬千，而是煩惱的徹底止息。

2．觀察緣起，開啟智慧

緣起，簡單地說就是眾緣和合而生。就人道眾生而言，業力之輪是如何形成的，又該如何從中解脫呢？這個問題，從見到眾生受制於老病死的那一天起，就始終縈繞在悉達多的心頭。正是為了尋求解決之道，他才毅然放棄王位，出家修行。在南傳《相應部》的記載中，他曾這樣對阿難說：

在我覺悟之前，當我還是個未覺悟的菩薩時，我思惟：「這世界已陷於苦惱，它由生到老、死，死後又再生，不知如何出離生、老、死之苦。何時才會出離此苦呢？」（S.12:65；參 D.14）

他看到，眾生從生到老死，死後繼續復生，再一次重演由生到老死的過程。那麼，怎樣才能出離這種沒完沒了的生死之苦？他開始尋找老死的原因：

我思惟：「因為有什麼而有老死呢？老死又以什麼為緣呢？」然後，依正思惟，我依慧而悟得：「因為有生而有老死，老死以生為緣。」

我思惟：「因為有什麼而有生呢？生又以什麼為緣呢？」然後，依正思惟，我依慧而悟得：「因為有有而有生，生以有為緣。」

我思惟：「因為有什麼而有有呢？有又以什麼為緣呢？」然後，依正思惟，我依慧而悟得：「因為有取而有有，有以取為緣。」

「……因為有愛而有取……」

「……因為有受（樂、苦或不苦不樂）而有愛……」

「……因為有觸而有受……」

「……因為有六入而有觸……」

我思惟：「因為有什麼而有六入呢？六入又以什麼為緣呢？」然後，依正思惟，我依慧而悟得：「因為有名色而有六入，六入以名色為緣。」

我思惟：「因為有什麼而有名色呢？名色又以什麼為緣呢？」然後，依正思惟，我依慧而悟得：「因為有識而有名色，名色以識為緣。」

我思惟：「因為有什麼而有識呢？識又以什麼為緣呢？」然後，依正思惟，我依慧而悟得：「因為有名色而有識，識以名色為緣。」

我思惟：「識由此而退還，它不越過名色。不論此人是正在生、老、病、死，正在消逝或轉生，它都是如此發生。換句話說，以名色為緣而有識，以識為緣而有名色，以名色為緣而有六入，以六入為緣而有觸，以觸為緣而有受，以受為緣而有愛，以愛為緣而有取，以取為緣而有有，以有為緣而有生，以生為緣而有老死與愁、悲、苦、憂、惱。這是全苦聚之集。「我於此前所未聞之法集，而生眼、智、慧、明與光。（S.12:65；參 D.14）

為什麼每個眾生都要面臨衰老和死亡？老死究竟從何而來？通過對老死的追根溯源，沙門瞿曇發現，眾生之所以會有「老死」，是因為「生」。從來到世界的那天起，我們每時每刻都在衰老，都在邁向死亡的終點。可以說，我們度過一天，就是向死亡逼近一步，而且這個腳步是從來不會停止的。

為什麼會有「生」？我們為什麼會來到這個世界，它的因又是什麼？通過對「生」的追溯，沙門瞿曇發現，「生」是因為「有」。所謂「有」，又稱「業有」，是往昔所造的業力在推動我們受生。我們生為天人或餓鬼，凡夫或畜生，都不是偶然的，而是各自的業力所決定。是業力，決定我們投生到天堂、人間乃至地獄。哪怕同樣得生為人，還有男女之分，窮富之別，從家庭背景到自身條件都各有差別，這也是由業力決定的。

為什麼會有「有」？換言之，人為什麼會造業？為什麼有人造這樣的業，有人造那樣的業？通過對「有」的追溯，沙門瞿曇發現，「有」是因為「取」。所謂「取」，就是要抓住什麼，這是執著的一種表現。比如我們擁有財富了，就希望保有它，進而獲得更多財富。對身分、家庭、感情的執著同樣如此。總之，人為了抓住並保有這些，就會不斷地付出努力。

為什麼會有「取」？它是怎麼產生的？通過對「取」的追溯，沙門瞿曇發現，「取」是源於「愛」。所謂「愛」，就是內心黏著的力量。在接觸世界的過程中，我們會對某些東西產生黏著，比如對愛情的黏著，對財富的黏著，等等。這些黏著對象因人而異，有人黏著這個，有人黏著那個。即使黏著對象相同，程度也有深淺不同。之所以有這些差別，是因為「愛」的對象和程度不同。這種「愛」也叫在乎，愛得越深，越是在乎，為此付出的努力就越多。換言之，越容易為此造業。

為什麼會有「愛」？為什麼我們愛這個而非那個？通過對「愛」的追溯，沙門瞿曇發現，「愛」是源於「受」。所謂「受」，就是我們對外界的感受，包括生理的樂受和苦受，心理的喜受和憂受，以及不苦不樂的捨受。正是這些感受，引發了不同的情感。對於那些讓人痛苦、憂愁的感受，我們會心生抗拒。而對那些讓人快樂、歡喜的感受，我們又希望牢牢抓住。我們想一想，所有讓自己放不下的「愛」，哪一樣，不是曾經讓我們快樂並歡喜的呢？哪怕它現在帶來了痛苦，但只要這種痛苦還伴隨快樂的回憶，依然會讓人愛恨交加，戀戀不捨。

為什麼會有「受」？它產生的根源是什麼？通過對「受」的追溯，沙門瞿曇發現，「受」是因為「觸」。所謂「觸」，就是和外境的接觸。我們生活在這個世界，隨時都在接觸外境，感受各種顏色、聲音、香臭、甜酸苦辣、軟硬粗細，並對前五根的所緣境生起分別。正因為有接觸，才會帶來不同的感受。

為什麼會有「觸」？人為什麼能接觸外境？通過對「觸」的追溯，沙門瞿曇發現，「觸」是因為「六入」。所謂「六入」，就是眼、耳、鼻、舌、身、意，這是我們接觸世界的六個管道。如果沒有這些管道，我們就無法接觸外境了。沒有眼睛，就看不到；沒有耳朵，就聽不到，等等。

為什麼會有「六入」？這些接觸外界的管道是怎麼產生的？通過對「六入」的追溯，沙門瞿曇發現，「六入」是因為「名色」。所謂「名色」，即色、受、想、行、識五蘊的總稱。其中，色屬於物質部分，是父母給予的遺傳基因。受想行識屬於精神部分，是自己無始以來積累的各種心理力量。

為什麼會有「名色」？為什麼會有這個生命體在世間的出現？我們又是憑藉什麼力量投生的？通過對「名色」的追溯，沙門瞿曇發現，「名色」是因為「識」。所謂「識」，此處主要指投胎的主體。關於這一點，其他宗教往往講到靈魂。兩者的不同在於，靈魂是永恆不變的，而「識」是相似相續、刹那生滅的。佛教認為，在緣起的生命現象中，根本不存在永恆不變的事物。「識」就像流水那樣，看似靜止，其實卻是無常變化的。

人生就是由這些環節組成，從起點奔向終點，又從終點成為起點，環環相扣，使生命陷入無盡的輪迴。那麼，怎樣才能從中解脫，不再有老死的痛苦？通過對緣起的追溯，沙門瞿曇希望進一步解開輪迴之鏈。我們可以看到，以上每個環節都是由因感果的過程。那麼，當我們不想要這個結果時，就要從源頭斷除它。沒有因，自然就沒有與之相關的果。根據《相應部》的經典，佛陀曾這樣對阿難回憶說：

我思惟：「因為無有什麼而能無老死呢？由什麼之滅而有老死之滅呢？」然後，依正思惟，我依慧而悟得：「因為無生則無死，由生之滅而有老死之滅。」

「……無有則無生……」

「……無取則無有……」

「……無愛則無取……」

「……無受則無愛……」

「……無觸則無受……」

「……無六入則無觸……」

「……無名色則無六入……」

「……無識則無名色……」

我思惟：「因為無有什麼而能無識呢？由什麼之滅而有識之滅呢？」然後，依正思惟，我依慧而悟得：「無名色則無識，由名色之滅而有識之滅。」

我思惟：「我已到達覺悟之道，也就是說：由名色之滅而有識之滅；由識之滅而有名色之滅；由名色之滅而有六入之滅；由六入之滅而有觸之滅；由觸之滅而有受之滅；由受之滅而有愛之滅；由愛之滅而有取之滅；由取之滅而有有之滅；由有之滅而有生之滅；由生之滅而有老死與愁、悲、苦、憂、惱之滅。這就是全大苦聚之滅。」我於此前所未聞之法滅，而生眼、智、慧、明與光。（S.12:65；參 D.14）

找到輪迴的規律之後，沙門瞿曇進一步探尋解除輪迴的規律，他思惟：怎樣才能滅除「老死」的結果？就要滅除它的因，也就是「生」。當「生」被滅除了，自然不會產生老死的結果。以此類推，想要滅除「生」的結果，就要滅除它的因，也就是「有」。而最後的「名色」和「識」是互為因果的，「由名色之滅而有識之滅；由識之滅而有名色之滅」。至此，沙門瞿曇滅除了一切痛苦及痛苦之因，到達覺悟之道。

3．開示流轉及還滅的規律

沙門瞿曇悟道成為佛陀（覺者）後，在菩提樹下禪坐七日，安住解脫之樂。然後出定觀察生命的發展規律，即無明、行、識、名色、六入、觸、受、愛、取、有、生、老死十二因緣。通過對緣起的觀察，認識到輪迴和解脫的兩重因果。簡單地說，即「此有故彼有，此無故彼無；此生故彼生，此滅故彼滅」。通過順觀緣起，了知輪迴的因果；通過逆觀緣起，了知解脫的因果；通過順逆觀緣起，徹底了知諸法實相。所有佛法正見，如無常的正見，無我的正見，空的正見，都是來自對緣起的觀察。

所以，緣起論是佛法最重要的理論，也是導向覺醒和解脫的關鍵所在。

（1）順觀十二緣起

順觀十二因緣，是認識輪迴的因果，即「此有故彼有，此生故彼生」。因為有了「因」，才會導致「果」。

在初夜時分，世尊順觀緣起：「此有故彼有，此生故彼生。換言之：以無明為緣而有行，以行為緣而有識，以識為緣而有名色，以名色為緣而有六入，以六入為緣而有觸，以觸為緣而有受，以受為緣而有愛，以愛為緣而有取，以取為緣而有有，以有為緣而有生，以生為緣而有老死、愁、悲、苦、憂、惱。這是全苦蘊之集起。」

了知其中的意義，世尊不禁發出感嘆：「精進禪修婆羅門，諸法向其顯現時，了知諸法有其因，彼之疑惑悉滅盡。」

十二緣起是以無明為始。所謂無明，即原始的蒙昧，其特點為不知不覺。我們每天做很多事，說很多話，但因為缺乏觀照，往往在不知不覺中被貪嗔痴所控制，被不良情緒所控制。現在流行的「某某控」，正是這種不知不覺的典型反映。可以說，無明具有催眠的力量，是一切煩惱的根源，也是凡夫人格的基礎。

因為無明，就會導致種種行為。生命是無盡的積累，身口意的任何行為產生後，都有兩個作用。一是外在作用，即客觀形成的結果；二是內在作用，即內心留下的影象，包括做事的經驗、能力，也包括因此引發的情緒和感受。在我們的心相續中，各種情緒、妄想和需求都在尋找表達機會。有些事想想就過去了，有些事還要說一說，做一做。因為看不清，因為對自己和世界的誤解，我們往往隨著情緒在說話、做事。可以說，凡夫所做的一切都是有漏的，是貪嗔痴的產物。這些起心動念和言行舉止的結果就是業，它決定我們的高低貴賤，窮通禍福。我們選擇什麼行為，就要承受什麼業報。在業力面前，每個人都是平等的，沒有捷徑可走，也沒有漏洞可鑽。

因為行，就會形成識。對凡夫而言，這些識因有漏業行而產生，都是妄識而已。也有人覺得，十二緣起中的「識」特指唯識所說的第八阿賴耶識。

因為有識，有心的延續，就會出現名色，形成五蘊色身。所謂蘊，是把相同的東西聚集一處，包括色蘊、受蘊、想蘊、行蘊、識蘊。其中，色蘊為物質部分，是地水火風四大的組合，屬於色法。而受想行識是精神部分，屬於名法。受是苦樂憂喜的情感，想是我們對世界進行的思考，行是實施行為，識是心的主體、心王。生命是什麼？無非是這麼一堆有漏的五蘊。它們建立在迷惑和煩惱之上，其中並沒有所謂的「我」。

因為名色的發展，會進一步形成眼、耳、鼻、舌、身、意六入，這是我們接收外界資訊的六個窗口。我們能認識到什麼樣的世界，取決於自身的認識能力，也包括這些窗口的功能。如果沒有眼睛，就看不見；如果沒有耳朵，就聽不見；如果沒有鼻子，就聞不到，等等。而在以下幾個環節，將說明如何從認識導向輪迴。

因為有六入，我們就會接觸外境。關於外境，佛法主要分為色、聲、香、味、觸、法六類。眼睛對應色彩的世界，耳朵對應音聲的世界，鼻子對應氣味的世界，舌頭體會酸甜苦辣，觸覺感受冷暖軟硬，意識產生思惟想法。總之，我們時刻都在主動或被動地接觸外境。

因為接觸，就會產生苦樂憂喜捨的感受。有些境界會給你帶來快樂，有些境界會給你帶來痛苦，有些境界會給你帶來憂愁，有些境界會給你帶來喜悅。一旦接觸，必然會引發感受，否則就是木頭人了。即使捨受，也不是完全沒有感受。

因為這些感受，就會產生愛。通常，我們都喜歡快樂的感受，所以想得到；討厭痛苦的感受，所以想逃避。雖然表現不同，但同樣來自染著。如果沒有染著，就沒有所謂得到還是逃避了。可見恨也和愛有關，當內心有一種在乎時，才會因此著相。

因為有愛，就想進一步占為己有，牢牢抓住。愛是一種渴求，當這種渴求得不到滿足時，會讓人焦慮不安，成為追求的動力。而當這種渴求得到滿足時，又會心生歡喜並加深貪著。進而因為貪著繼續追逐，週而復始。雖然貪著對象不同，但這種「愛、取、有」的重複是一樣的。可以說，這就是現世的輪迴。貪著什麼，就會製造與之相關的輪迴，並對此形成依賴，而未來的輪迴不過是它的延續而已。

「愛、取、有」之後，就是「生」和「老死」了。我們想占有，需要付出很多努力，造下有漏業因，從而導致生命的相續。在十二緣起中，「行」和「有」表達的內容是一樣的，都是指業力，不同只在於指過去世或未來世。「行」是指過去世的業力，「有」是指現在世的業力。

在以上這些關係中，每個環節都是前者的果，並成為後者的因，環環相扣。因為有前者出現，後者才會相繼生起。比如無明為因，行為果；行為因，識為果；識為因，名色為果；名色為因，六入為果；六入為因，觸為果；觸為因，受為果；受為因，愛為果；愛為因，取為果；取為因，有為果；有為因，生為果；生為因，老死為果。正是這些因果，構成了綿延不斷的生命之流，從無窮的過去一直延續到無盡的未來。但它不是恆常的相續，而會隨著我們的觀念和行為不斷改變。所以生命是可以改變的，就像河水，既可以通過治理變得清澈，也可能因為汙染變得渾濁。

十二因緣是佛陀發現的有情生命延續的環節。其中，「無明、行、識」代表迷惑系統的建立，「名色、六入、觸」代表認識的產生，「受、愛、取、有」代表心理的延續，而「生和老死」代表生命的延續。反過來說，生命延續來自心理的延續，心理延續是來自認識，而認識又來自迷惑系統。當然，這是我的分法，不是傳統的分法。

通過順觀緣起，佛陀發現，輪迴是遵循「此有故彼有，此生故彼生」的規律而產生的。進而發現，若能通過修行明瞭因果原理，明瞭一切都是眾緣和合而生，就會像覺者一樣，對諸法的生起不再有任何疑惑。

（2）逆觀十二緣起

十二因緣包括流轉門和還滅門。順著十二因緣而下，將導向輪迴，為流轉門；逆著十二因緣倒推，將走向解脫，為還滅門。中夜，佛陀通過逆觀十二緣起，發現「此無故彼無，此滅故彼滅」的解脫原理。

中夜時分，世尊逆觀緣起：「此無故彼無，此滅故彼滅。換言之：無明滅則行滅，行滅則識滅，識滅則名色滅，名色滅則六入滅，六入滅則觸滅，觸滅則受滅，受滅則愛滅，愛滅則取滅，取滅則有滅，有滅則生滅，生滅則老死、愁、悲、苦、憂、惱滅。這是全苦蘊之滅盡。」

了知其中的意義，世尊不禁發出感嘆：「精進禪修婆羅門，諸法向其顯現時，了知諸緣之息滅，彼之疑惑悉消除。」

眾生的特點就是跟著念頭跑。當我們有什麼需要時，就會追逐什麼，卻很少對念頭加以反省。佛陀所做的，是通過輪迴之流，一直追溯到源頭，看清這個水到底從何而來。佛陀發現，因和果是相伴出現的。一旦有了因，就必然導致果。反之，只有從因上滅除，果才不會發生。解脫也是同樣，必須從生命之流探尋它的源頭，在根本上滅除痛苦之因，才能截斷眾流，徹底息滅痛苦。

通過逆觀十二緣起，佛陀發現：沒有無明，就沒有行；沒有行，就沒有識；沒有識，就沒有名色；沒有名色，就沒有六入；沒有六入，就沒有觸；沒有觸，就沒有受；沒有受，就沒有愛；沒有愛，就沒有取；沒有取，就沒有有；沒有有，就沒有生；沒有生，就沒有老死，乃至沒有一切痛苦。由此，這個無明建立起來的輪迴大廈就轟然倒塌了。

佛陀還發現，如果人們通過修行證悟其中原理，就會像他一樣，息滅導致痛苦的一切因素，對滅苦不再有任何疑惑。

（3）順逆觀十二緣起

後夜時分，世尊順、逆觀緣起：「此有故彼有，此生故彼生；此無故彼無，此滅故彼滅。換言之：以無明為緣而有行，以行為緣而有識……以生為緣而有老死、愁、悲、苦、憂、惱。這是全苦蘊之集起。無明滅則行滅，行滅則識滅……生滅則老死、愁、悲、苦、憂、惱滅。這是全苦蘊之滅盡。」

了知其中的意義，世尊不禁發出感嘆：「精進禪修婆羅門，諸法向其顯現時，則彼端立破魔軍，如照虛空之日輪。」

佛陀最初是因為看到老病死而出家，所以當他修道時就在探尋：老死究竟是怎麼來的？佛陀發現，老死是因為有生。換言之，生是老死之因。如果不想老死，就不能有生。一旦有了生，還想追求長生不老，根本是痴人說夢。

然後佛陀進一步觀察，眾生為什麼會受生？為什麼顯現形形色色的生命形態？這些差別的原因是什麼？很多宗教認為是神造的，有一個萬能的造物主。但佛陀發現，業才是推動有情受生的原動力，又稱「有」。因為造下有漏業因，所以才會受生，並顯現為千差萬別的形態。而且這種受生是循環往復的，正如《唯識三十論》所說：「前異熟既盡，復生餘異熟。」前面的業果受報結束，新的業力又成熟了，繼續招感果報。這種業是沒有盡頭的，招感的果報也沒有盡頭，所謂「業力無盡，生死無窮」。唯有消除有漏的業，才不會招感有漏的受生。

那麼，為什麼會造作有漏的業因？為什麼我們每天都在忙來忙去，片刻不停？佛陀發現，就是因為渴求，所以想通過占有，通過「取」，讓這種渴求得到滿足。

為什麼產生「取」？為什麼想占有？佛陀發現，取是來自「愛」。當你喜歡了、黏著了，所以才想占有它。如果沒有感覺，也就沒有占有的欲望了。

「愛」又是從何而來？是來自「受」，來自那種讓你戀戀不捨、難以釋懷的感覺。所以就會不斷追憶，希望重複這種經驗。

為什麼產生「受」？是來自「觸」。如果不接觸六塵，就不會帶來痛苦或快樂的感受。當然，完全不接觸是不可能的。這就需要在「觸」和「受」生起時保持正念，才不會進一步引發貪嗔，引發各種情緒和煩惱。修行要「守護根門」，就是在此處守護。

為什麼能接觸世界？是因為有「六入」。我們對世界的接觸和認識，都取決於自身的認識能力。

我們究竟怎麼認識世界？是用無明系統，還是用智慧觀照？如果以無明看世界，必然會引發貪嗔痴。只有用智慧看世界，才能在了了分明的同時，無所執著。

為什麼有「六入」？是來自「名色」，來自我們的五蘊系統。五蘊既代表我們的存在，也代表認識形成的基礎。凡夫的認識之所以有很大局限，會受煩惱、情緒的影響，關鍵就在於，這個認識建立於有漏的五蘊系統。而系統本身的缺陷和錯覺，決定了我們不能如實觀察世界。所以，五蘊魔屬於四魔之一，是修行的重大障礙。

為什麼有「名色」？是來自「識」。關於心識，佛教有妄心和真心之分，此處特指妄心。這個妄心系統是以無明和煩惱為基礎，由此開展出虛妄的生命。

為什麼有「識」？是來自「行」，就是我們無始以來的所行、所言、所思。這些行為又有善、不善和無記三種屬性，由此形成相應的生命經驗。只要我們一息尚存，這種經驗就在即時更新，並保存到阿賴耶識這個超級倉庫中。哪怕不說不動，內心也會有各種心理，有形形色色的念頭在活動。由此形成業力，推動識去投胎。

而「行」又來自「無明」。可無明到底是什麼？當佛陀以觀智對無明加以審視，發現無明雖然看似可怕，但並沒有不變的實體。在照破無明的同時，內在明性就顯現了，當下解除輪迴。或許有人覺得，生生世世的輪迴盛事，愛恨情仇，有這麼容易解除嗎？其實這就像做夢一樣，雖然夢中熱鬧非凡，可一旦醒來，一切都會在瞬間消失。輪迴中的眾生，同樣是在無明大夢中。我們在夢中構建的輪迴大廈，看似龐大堅固，其實卻是由妄念而生，了不可得。一旦開啟覺性，就能徹底解除輪迴之根，所謂「夢裡明明有六趣，覺後空空無大千」。即使還生活在這個世界，但內心不再有任何迷惑，也不再有任何束縛。

有句話叫作「一念不覺」，常常有人追問：什麼時候開始不覺的？同樣的問題還包括：無明是什麼時候開始的？先有雞還是先有蛋？還是像基督教所說的那樣，由上帝創造了世界？之所以有那麼多人追究「第一因」，因為我們的認識來自經驗。而經驗是有限的，只是生命中的一個片段。就片段而言，的確有作為開始的、暫時的第一因。

但佛教所說的輪迴就像一個圓，是週而復始的。雖然無明是第一個環節，但同時貫穿整個生命延續的過程。之後的哪個環節沒有無明？在行中有無明，在識中有無明，在名色中有無明，在六入中有無明，在生中有無明，到老死還是有無明。所以，「一念不覺」不是從什麼時候開始不覺，而是念念不覺。在解除無明前，從來都沒有覺悟過。這個「一念」是包括一切，一旦驅散無明，就念念都在覺悟中了。

對十二因緣的追尋，也是心理探索的過程。後來，禪宗也使用類似方法，從「一念未生前本來面目」直接尋找。一般人都是活在念頭中，所以禪宗要求學人在一念未生前，看看念頭背後的是什麼。這是從行入手，來探討生命本源，和觀照十二緣起的修行理路一致。可見，佛陀的修行手段和經驗，並不是我們想像得那麼遙不可及。我們也可以通過這樣一個心理探索，突破無明，體認覺性。

十二緣起是從認識苦到止息苦的完整方法，包含輪迴和解脫兩重因果。從輪迴的因果來說，佛陀還以「惑業苦」三個字對十二緣起作了高度歸納。其中，「無明、愛、取」屬於惑的範疇，「行、有」屬於業的範疇，其他幾支屬於苦果的範疇。而從解脫的因果來說，對緣起的觀察，正是從禪定導向智慧的關鍵，告訴我們，佛陀究竟是通過什麼方法成道的，他的心路歷程和修行經驗是什麼。當然，僅僅知道名相還不夠，否則我們就能因此開悟了。佛陀是通過禪定，在得定的基礎上，以觀智照見諸法的無常、苦、無我。

五、初轉法輪

通過對十二緣起的觀察，佛陀找到了解脫之道。證道後，佛陀本來不想說法，因為他發現佛法甚深微妙，而眾生剛強難調，很難明瞭其中真意。他思惟：

> 我所證悟的法甚深、難見、難解，它是最寂靜、最高超的，不能只靠純邏輯而證悟，它是微妙的，唯智者所能體驗。但今世之人依賴愛執，喜好愛執，享受愛執，讓世人見到真理是困難的，也就是說，見到十二緣起是不易的。再者，讓世人見到真理是困難的，也就是說，見到諸行寂止，諸有淨除，滅盡渴愛、離貪、滅、涅槃是不易的。所以，我若說法，他人不了解時，將使我感到疲乏與困擾。（Vin. Mv.1:5；參 M.26&85；S.6:1）

但在梵天的懇請下，佛陀還是本著對眾生的悲心，將他體證的真理加以弘傳。於是，他來到鹿野苑，為當初追隨他的五比丘說法，這就是佛教史上著名的「初轉法輪」。法輪是一個比喻，根據印度傳說，轉輪聖王出現時，以輪寶號令天下，無堅不摧，所向披靡，令四方臣服。轉法輪，是比喻佛陀說法的力量，就像轉輪聖王的輪寶，可以摧服外道的邪知邪見，摧毀眾生的無明煩惱。

在首次說法中，佛陀根據他的修道經歷和印度醫生治病的原理，提出了四諦法門。諦是真實之理，四諦就是「苦、集、滅、道」四種真理，這也是佛陀最初的宣教綱領。苦諦是正視有漏皆苦的現實；集諦是探尋產生痛苦的根源；滅諦是痛苦的徹底息滅，也就是涅槃；道諦是平息痛苦的方法。佛陀真是有大智慧，僅僅用四個字，就對輪迴和解脫的原理作了高度概括。

和十二因緣一樣，四諦也包含兩重因果——苦和集是流轉門，滅和道是還滅門，即佛法解決的核心問題。只有認識苦和苦的成因，才能找到有效的解決方法，走出輪迴，走向解脫。從這個意義上說，佛法就是苦和苦的止息。這種解決不是暫時的，而是從根本上解除輪迴之因。

輪迴的根究竟在哪裡？從表面看，輪迴是一種現象。事實上，輪迴的根就在我們內心，是無明引發的貪著和需求，使得我們不斷追求，生生死死。如果沒有無明，沒有這份貪著和需求，輪迴就徹底結束了。所以真正需要解除的，是製造輪迴的心理，而不是逃避某個現象。如果不從內心斷除輪迴之根，即使躲入深山，也不過暫時得到安靜。一旦進入紅塵，貪著和需求又會捲土重來。所以，關鍵是解除輪迴之根。

1．四諦法門

四諦法門所做的，就是從了解痛苦到平息痛苦。關於四諦的內容，佛陀對憍陳如等五比丘作了如下開示：

「此是苦聖諦：生是苦，老是苦，病是苦，死是苦，愁、悲、苦、憂、惱是苦，怨憎會是苦，愛別離是苦，求不得是苦──總之，五取蘊是苦。

「此是苦集聖諦：渴愛是導致輪迴之因，伴隨它的是喜與貪，隨處歡喜。換句話說，即是欲愛、有愛、無有愛。

「此是苦滅聖諦：無餘離滅、捨棄、放捨、放下，以及捨離渴愛。

「此是苦滅道聖諦，即八正道，也就是：正見、正思惟、正語、正業、正命、正精進、正念與正定。

「此是苦聖諦：這是在我心中所生的眼、智、慧、明與光，是前所未聞之法。應遍知苦聖諦：這是在我心中所生的眼、智、慧、明與光，是前所未聞之法。已遍知苦聖諦：這是在我心中所生的眼、智、慧、明與光，是乃前所未聞之法。

「此是苦集聖諦：這是在我心中所生的眼、智、慧、明與光，是前所未聞之法。應斷苦集聖諦：這是在我心中所生的眼、智、慧、明與光，是前所未聞之法。已斷苦集聖諦：這是在我心中所生的眼、智、慧、明與光，是前所未聞之法。

「此是苦滅聖諦：這是在我心中所生的眼、智、慧、明與光，是前所未聞之法。應證苦滅聖諦：這是在我心中所生的眼、智、慧、明與光，是前所未聞之法。已證苦滅聖諦：這是在我心中所生的眼、智、慧、明與光，是前所未聞之法。

「此是苦滅道聖諦：這是在我心中所生的眼、智、慧、明與光，是前所未聞之法。應修習苦滅道聖諦：這是在我心中所生的眼、智、慧、明與光，是前所未聞之法。已修習苦滅道聖諦：這是在我心中所生的眼、智、慧、明與光，是前所未聞之法。

「只要我對四聖諦三轉十二行相的如實知見未達悉皆清淨時，我在諸天、魔、梵天的世界，以及沙門、婆羅門、國王與人民的眾生界裡，便不能宣稱已證得無上的正覺。但是，一旦我對四聖諦的三轉十二行相的如實知見已達悉皆清淨時，我在諸天、魔王、梵天的世界，以及沙門、婆羅門、國王與人民的眾生界裡，便能宣稱已證得無上的正覺。

「我生起如是知見：我心解脫不動，這是我的最後一生，不會再受後有。」（Vin.Mv.1:6;S.56:11）

在佛陀這番開示中，包含了「三轉十二行相」，分別是示轉、勸轉和證轉。首先是開示四諦行相，其次是勸導大眾依此修行，最後以自己為例，說明依四諦法門的修行成就。

（1）示轉

第一次是示轉，即開示四諦的行相。關於這一內容，蕅益大師根據經典所述作了精要歸納：「此是苦，逼迫性；此是集，招感性；此是滅，可證性；此是道，可修性。」

首先，需要認識苦的現實，這是眾生在輪迴中的現狀。或許很多人不認同這一點，覺得自己生活條件很好，事業做得很好，苦從何來？那麼，佛教為什麼認為人生是苦？通過十二因緣可以了解到，我們的五蘊色身是以迷惑煩惱為基礎，所以它會源源不斷地製造痛苦。在生理方面，有生老病死，四大不調；在精神方面，有求不得、愛別離、怨憎會之苦，更有五蘊熾盛帶來的焦慮、恐懼、不安、貪婪、嗔恨、嫉妒等，這些都是製造痛苦的因素。可以說，這個有漏色身就是製造痛苦的永動機，而建立在這一基礎上的快樂只是暫時的。認識有漏生命的痛苦本質，並不是一種消極，而是幫助我們正視並解決痛苦。

其次，必須探討苦的根源。就像醫生對病人作出診斷，需要尋找病的根源。在物質貧乏的年代，人們往往會尋找外在因素。但隨著生活條件的改善，精神問題變得日益突出。從佛法角度說，痛苦的根源就在於惑業，尤其是欲界眾生，對五欲充滿渴求，對世界充滿貪著。這種渴愛和貪著，讓我們的心總是處於追逐之中，狂躁不安。

第三，明白痛苦息滅後的狀態。凡夫因為內心躁動，即使外界再安靜，也會妄念紛飛，需要通過不停的忙碌來消耗能量，讓自己精疲力盡。我們沒有能力休息，也沒有能力安靜。涅槃，就是讓躁動的情緒徹底平息下來，進入高度的安靜，即空性層面。空性有空、明、樂的特點。雖然是空，但不是沒有感覺，而是了了明知，充滿喜悅。

第四，找到平息痛苦的方法，也就是八正道。這條道路並不是佛陀創造的，他只是道的發現者。所以，佛陀把他找到的解脫之道，稱為古仙人道。所謂仙人，並不是那些神仙或精靈，而是指過去的諸佛菩薩。他們也是沿著這條道路走向解脫。這一部分將在下面重點介紹。

（2）勸轉

第二次是勸轉，勸導五比丘，包括未來的每一個佛弟子都要精進修行。關於這一內容，蕅益大師的歸納是：「此是苦，汝應知；此是集，汝應斷；此是滅，汝應證；此是道，汝應修。」

首先，了解人生是苦的現實。知道這個有漏生命是以惑業為基礎，就像一台製造痛苦的永動機，會源源不斷地產生痛苦。我們所有的努力，不過是在緩解痛苦而已。但我們對痛苦的緩解永遠跟不上製造速度，所以人生總是苦多樂少。對於這個真相的認識和接受，是改變痛苦的關鍵所在，所謂「痛則思變」。如果認識不到痛苦，為什麼要改變呢？就像病人，如果不發現自己的病情，是不會接受治療的。

其次，明瞭產生痛苦的根源。認識到這一點，才能從源頭徹底斷除痛苦。如果找不到痛苦的真正原因，只是一味對痛苦加以撫慰，加以掩蓋，是無法解決問題的。

第三，知道涅槃才是痛苦的徹底止息，是不生不滅的究竟安樂處。我們或許有這樣的疑問，佛陀是為了解決老病死而出家修行，可他成道後，並沒有避免衰老和疾病，最後還在拘尸那羅城的娑羅樹林入滅了。那麼，佛陀究竟解決這些問題沒有？從表面看，似乎並沒有解決。其實，他已證悟不生不滅的涅槃，同時認識到：一切有為法都是生滅變化的，這是一種自然規律。對證道的佛陀來說，生死不過像是換了件衣服，再也不會受制於此。

第四，找到通往涅槃的道路。過去諸佛都是順著這條古仙人道走向解脫的，如今佛陀也已找到正確道路，並將路線告訴世人，引導大家沿著這一方向前行。每個人的人生都是別人不能替代的，同樣，每個人的修行也是別人不能替代的。佛陀只能為我們指明方向，但路還是要我們自己去走，自己去經歷。

（3）證轉

第三次是證轉，以自己為例，說明自己就是通過這條道路證悟真理、走向解脫的。關於這一內容，蕅益大師的歸納是：「此是苦，我已知；此是集，我已斷；此是滅，我已證；此是道，我已修。」

首先，佛陀告訴我們，世間種種苦的行相，包括身心各方面的痛苦，也包括輪迴中茫然流轉、不知去向的痛苦，他已了知無餘。世人因為顛倒妄想，常常被表面現象蒙蔽，以苦為樂，以染為淨。但佛陀透徹諸法實相，不再被任何假相所迷惑。

其次，對於造成痛苦的種種原因，佛陀都已徹底斷除，不再造作任何導致痛苦的行為。只有從因上斷除，而不是簡單地安撫它，我們才能真正遠離痛苦，就像釜底抽薪那樣，從根本上解決問題。否則，一個痛苦得到緩解，另一個痛苦又會接踵而至，源源不斷。

第三，對於不生不滅的涅槃境界，佛陀已經完全證悟。如人飲水，冷暖自知。這是佛陀親證而非玄想的境界，對此不再有任何疑惑。

第四，關於如何走向解脫、證悟涅槃的道路，是佛陀親自找到的。不是聽說的，也不是猜測的，而是通過修行發現，並經過實踐的檢驗。也就是說，這是佛陀自身的修行經驗，是他從凡夫成為覺者的成長路徑。

現在，佛陀把這個經驗毫無保留地告訴我們，希望我們像他一樣，沿著這條古聖先賢走過的道路，通過自身修行，到達解脫彼岸，成就無上菩提。

2・八正道

道諦是從凡夫成為覺者的路徑。雖然佛教向來以博大精深著稱，法門更多達八萬四千，但其中有著共同的要領，那就是八正道，又稱中道。八正道，顧名思義，就是八項修行內容，分別是正見、正思惟、正語、正業、正命、正精進、正念與正定。其作用，是「帶來見知，並導向寂靜、證智、等覺、涅槃」。

首先是正見，即佛陀證悟的諸法實相。當年，佛陀通過對緣起的觀察，發現人生苦、空、無常、無我的真相。不論生命現象還是外在世界，時時都在剎那生滅的變化中。換言之，一切都是緣起的，是條件的假相，根本沒有永恆不變的自體存在。世間的哲學、宗教也講到苦，講到空，講到無常。尤其是最新的科學發現，已經顛覆了世人的很多常識。但這些都是從差別相得來的認知，還在不斷更新中，是不究竟的。而佛陀是透過智慧觀照，直接抵達一切法的本質，從根本上親證並揭示了諸法實相。這些見地是修行的指南，也是證道的關鍵所在，所以被尊為八正道之首。如果見地錯了，即使我們再努力，也不可能證佛所證。就像「失之毫釐，差以千里」那樣，哪怕只是偏了一點，也會漸行漸遠，錯失終點。

其次是正思惟，又譯正志，即通過正確思考形成的目標。理性思惟是人特有的能力，也是價值觀和人生觀的基礎。思惟在很大程度上會受到教育的影響，包括家庭、學校和社會的教育。如果教育本身存在問題，就會形成錯誤觀念，甚至邪知邪見。再以這些觀念看待世界，思考人生，將造成無窮後患。比如現行教育帶來的不信因果、盲目拜金等觀念，就對個人乃至社會的道德形成極大衝擊。我們知道正見重要，但它的建立離不開正思惟。佛教講到四法行，即親近善知識，聽聞正法，如理作意，法隨法行。通過親近善知識，才能聽聞正法，建立正確思惟，把佛法轉化成自身觀念，進而運用這種認識去修學、做事、處理問題。如果不通過正思惟，佛法還是佛法，自己還是自己。很多人燒香、拜佛、念經，可他的生活和佛法沒有任何關係。為什麼？因為佛法對他來說只是一種形式，並沒有成為自身觀念。唯有通過理解和接受，才能把佛法轉化成人生智慧。所以，正思惟是佛法能否落實、運用的關鍵所在。

第三是生活的智慧，包括正語、正業、正命。其中，正語是如實的語言，不說妄語、綺語、粗惡語，要說愛語、利他語。正業是正確的行為舉止，如不殺生、不偷盜、不邪淫等，從身口意三業遠離殺盜淫妄。正命是正當的謀生手段，既符合法律和社會道德，也符合作為佛弟子應有的行為標準。這三項屬於戒的範疇，幫助我們建立如法、健康的生活。在今天，隨著生活條件的提高，人們的生活方式已有極大改變。遺憾的是，這種改變不僅讓人變得物化、虛榮而浮躁，也在很大程度上加速了環境惡化。可以說，它是一切環境問題的根源所在。如果不轉變現有生活方式，所謂的環保，只能是亡羊補牢，根本無法得到徹底改觀。而從心靈環保的角度來說，沒有健康的生活方式，也很難建立良好的心態。禪修並不是要修出什麼東西，而是讓心恢復到清淨、穩定的狀態。生活如法健康，心自然容易安定，從而為修行營造良好的心靈氛圍。

接著是正精進，即正當的努力。我們有了正確觀念和健康生活，還要不斷努力，才能讓這種觀念和生活方式變成心靈的主導力量。佛法所說的精進有特定內涵，是在止惡行善、轉迷為悟過程中付出的努力，而不是泛指所有努力。世間很多人努力學習，努力工作，努力賺錢養家，甚至努力坑蒙拐騙，這些都不能稱為精進。對凡夫來說，無始以來的無明和貪、嗔、痴有著強大力量，如果不策勵自己，將很難擺脫這種慣性。有一種精進叫披甲精進，就像戰士身披鎧甲，在千軍萬馬中奮勇殺敵，否則隨時可能陣亡。修行也是同樣，如果不加精進，就會被貪嗔痴戰勝。在菩薩戒中，犯戒叫作「他勝處」，就是被煩惱、串習所戰勝。所以說，修行就是心靈世界的一場戰爭，而且是你死我活的較量，不是正念戰勝煩惱，就是煩惱戰勝正念。在此過程中，精進是不可或缺的。

最後是正念、正定。所謂正念，即內心應該保持的正確觀照，如四念處的「觀身不淨，觀受是苦，觀心無常，觀法無我」。當我們保持這樣的觀察時，心才能擺脫對常、樂、我、淨的執著。反之，很容易被串習左右，以為有恆常的我，恆常的世界。所以正念就是讓我們培養覺知力，時時以正見觀照身心世界。進而使觀照力不斷增強，持續、穩定地安住正念，具足定力。這種定力是開發智慧的基礎，所謂「由戒生定，因定發慧」。

由此可見，八正道也包含了戒、定、慧三無漏學。其中，正語、正業、正命屬於戒，正念、正定屬於定，正見、正思惟屬於慧。正見有兩種，一是世間正見，一是出世間正見。世間正見來自聞思，通過聞法和思惟，將佛法義理落實到心行，懂得用無常、無我的觀念看世界。而出世間正見是超越邏輯和思惟的，經由禪定和慧觀的力量，直接體認空性。但這一正見必須從世間正見開始。在世間正見的指引下，通過持戒、修定，才能引發出世間正見。然後在出世間正見的指導下，再持戒，再修定，才能截斷眾流，通達空性，徹底平息內心的躁動、迷惑和煩惱。

六、四十五年說法的精髓

佛陀成道後四十五年，在恆河兩岸遊行說法，為後世弟子留下大量言教。而在佛教兩千多年的流傳過程中，歷代祖師又根據佛陀的教法，從不同角度開顯和詮釋，發展出三大語系、諸多宗派。所以我們今天接觸到的佛法，可謂博大精深。如何把握佛法精髓，在浩瀚法海中找到直抵彼岸的捷徑？同樣離不開四諦法門。可以說，四諦既是佛法綱要，也是學佛的共同基礎。

在四諦法門中，苦諦和集諦揭示了輪迴的規律，是學佛必須具備的認知。佛陀之所以成為覺者，關鍵就在於，能以緣起的智慧看世界。世間哲學或以物質為第一因，或以精神為第一因，或認為一切都是偶然，而其他宗教往往認為世界是神創的。真相究竟如何？佛陀在菩提樹下以智慧觀照發現，世間一切都是緣起的，包括一切生命的生死流轉，也包括大千世界的成住壞空。了解緣起因果後，知道三惡道的因果是如何開展的，三善道的因果是如何開展的，才能把握生命的發展方向。

那麼，我們又該怎麼去做？道諦就代表不同的修行方法。佛法的各個宗派，看似差異甚多，其實是為我們提供不同的解脫方法。就像登山，目標都是山頂，但上山路線有前後左右、東南西北之分。有的路平坦，有的路陡峭；有的路快捷，有的路漫長。之所以會有這些不同路線，主要是根據眾生的不同根機而施設。能力強的人，不妨迎難而上，捷足先登；能力弱的人，也可慢慢走來，穩紮穩打。

這些差別主要體現在見地和禪修方法上。以下，將介紹佛法的主要見地，如聲聞教法的五蘊、十二處，大乘教法的中觀、唯識、如來藏。

1．五蘊

在早期的《阿含經》中，佛陀重點開示了解脫道的內容，告訴我們如何走向解脫。所謂的解脫，不是從這個世界搬到另一個世界；所謂的此岸和彼岸，也不是兩個遙遙相對的地方。當我們斷除一切迷惑煩惱，當下就是解脫。

在解脫道修行中，佛陀通過五蘊、十二處、十八界，為我們開顯了世界真相，即「有漏皆苦，諸行無常，諸法無我，涅槃寂靜」，又稱四法印。其中，尤其重視對五蘊法門的詮釋。因為佛法是以有情為本，對有情自身的認識，正是走向解脫的關鍵所在。西方哲學所說的「認識你自己」，也是基於同樣的追尋。那麼，究竟什麼代表著「我」？

佛陀通過智慧觀察發現，每個生命的存在，無非是色、受、想、行、識五蘊。蘊為積集義，指相關事物的積聚組合。色蘊，指有情的色身部分，由地水火風四大構成；受蘊，指情感部分，如苦、樂、憂、喜、捨等感受；想蘊，指思惟部分，如產生的想法，作出的抉擇等；行蘊，指意志和行為，包括感受、思惟以外的各種心理活動；識蘊，即精神主體，具有了別的作用。所謂的「我」，就是由這五種要素組成。其中，色身來自父母的遺傳基因，並由後天飲食滋養而成。而精神系統源自無始以來的積累，也包括今生的教育和經歷。它們共同形成了我們現有的心態、人格和生命品質。

在本質上，五蘊只是一堆元素的組合，是一個暫時存在的生命形態，其中並沒有固定不變的自性。雖然它和我們有關，是我們可以使用的一個工具，但不是真正的「我」。如果把這些當作是「我」，就會影響到我們對生命真相的認識。但世人為無明所惑，無常執常，無我執我，不淨執淨，才會顛倒妄想，以苦為樂。為什麼衰老、疾病、死亡會給人帶來痛苦？就是因為看不到無常的真相，所以幻想自己長生不老，永葆青春。有了這種對永恆的貪著，又會進一步形成依賴。問題是，這些對象都是無常變化的。一旦出現變故，依賴就會落空，煩惱也就隨之而生了。可以說，眾生所有的痛苦、煩惱、輪迴，都是因為不能正確認識五蘊所致。

佛法所說的「人生是苦」，就是針對這個有漏生命體而言。當然，在我們的感受中，還是有苦樂憂喜捨的不同。當欲望得到滿足，我們會感到快樂。可當條件發生變化，快樂很快會轉為痛苦。就像我們飢渴難耐時，吃喝可以帶來快樂。但這種快樂是建立在飢渴的痛苦上，只是對痛苦的暫時緩解。而且這種緩解是有定量和期限的。一旦飢渴消除之後，繼續吃喝馬上會成為痛苦而非快樂的事。可見，這種快樂不是本質性的。如果是本質的快樂，那麼無論何時享受，也無論享受多長時間，都應該是快樂的，不會有樂極生苦的逆轉。能不能找到這樣的快樂？佛陀告訴我們，唯有「涅槃寂靜」才是永恆之樂，因為它來自息滅煩惱後的心靈，是從空性而非感官生起的。凡是通過滿足欲望得到的感官快樂，都是有漏、短暫、不穩定的，其本質是痛苦而非快樂的。

快樂不僅和痛苦有關，而且是和痛苦成正比的。當渴求帶來的痛苦越強烈，得到滿足後的快樂也越強烈。就像你越渴望見到某人，見面時才越覺得欣喜若狂，快慰平生。如果沒有這種渴求，見面不過是尋常小事，甚至是多餘的麻煩。而渴求又是從貪嗔痴而來，當人們得到一次滿足後，就會追憶並執著這種快樂。這種追憶將成為動力，讓人產生新的渴求。如果不及時制止，渴求將一輪接一輪地升級，永無止境。問題是，滿足渴求需要條件，而滿足不斷升級的渴求，需要更多的條件。這就使得人們一生都為了滿足各種渴求而忙碌，卻往往看不清，我們為了解決痛苦，又招感了更多、更大、更持久的痛苦。

仔細想想，我們總是在用長時間的痛苦換取短暫的快樂；又因為短暫的快樂，產生更長時間的痛苦。對於這種所謂的快樂，沒有得到時，我們會因希望得到而焦慮；一旦得到，又會因為擔心失去而惶惑；真的失去後，則會因此悔恨懊惱，倍感失落。我們為什麼會有孤獨？為什麼會有焦慮？為什麼會有恐懼？都是來自對「快樂」的依賴。

針對這種「愛取有」的輪迴，佛陀為我們反覆開示了「有漏皆苦」的原理，讓我們認清五蘊的真相。但我們要知道，說苦不是消極，更不是逃避，而是對人生所作的本質透視。當你認識到它的本質，一樣可以享受快樂，但不會執著，而是放鬆、自在地享受這個當下。不是像我們以為的那樣，因為看到苦，快樂就消失了。事實上，快樂反而變得更持久。

此外，「諸行無常」和「諸法無我」也是建立在正確認識五蘊的基礎上。常人面對老、病、死的時候，不僅有色身的痛苦，還有心理的痛苦，結果身心交迫，苦上加苦。聖者同樣會有老、病、死，但只有色身的痛苦，沒有心理的痛苦。因為他已接納青春、色身的無常，就能以平常心面對衰老、疾病乃至死亡。當我們真正接納無常的時候，色身之苦不過是自然規律，也就沒那麼難以忍受了。

至於佛教所說的無我，不是說這個身體不存在，而是說它由眾緣和合而成，其中並沒有作為主宰的、恆常不變的「我」。凡夫因為無明，或是把身體當作我，總擔心「我病了，我死了」；或是把想法當作我，糾纏於「我高興，我不高興」。身體和想法是「我」嗎？有「我」嗎？如果是，如果有，就意味著我們可以主宰它。事實上，這個五蘊有它自己的運行規律，並不以我們的意志為轉移。它要衰老，要生病，要死亡，我們都無能為力。乃至它要生氣，要痛苦，要煩惱，我們也往往做不了主。可見，它雖然和我們關係密切，卻不能真正代表「我」。如果把五蘊當作「我」，進而產生恆常的執著，就會帶來不必要的煩惱。

認識到有漏皆苦，無常無我，就可以遠離對五蘊的貪著。我們之所以對色身有眾多貪著，對世界有眾多貪著，關鍵是因為看不清它的真相，也看不清這種貪著會給人生帶來無盡過患。所有的煩惱、輪迴、生死都是由這些錯誤設定造成的，進而還會引發孤獨、焦慮、煩躁、不安、恐懼等負面情緒。

解脫道修行的關鍵，就是通過五蘊認清苦、空、無常、無我的真相，最終息滅煩惱，導向涅槃。這就需要對身心和世界保持覺知，保持正念。關於五蘊的修行，在《阿含經》中所占的分量很大，很多阿羅漢都是通過照破五蘊解脫的。如果忽略對五蘊的觀察，即使學了再多道理，也很難轉化為認識自己的智慧。

2・十二處

五蘊的重點是幫助我們認識自身，十二處則是從認識論的角度引導我們完成修行。一個人能招感什麼樣的外境，和他的業力有關；但這個外境在他內心形成的感受，則和他的認識有關。從這個角度來說，我們有什麼樣的認識，就會有什麼樣的世界。

所謂十二處，即眼、耳、鼻、舌、身、意六根，和色、聲、香、味、觸、法六塵。在六根接觸六塵時，眼睛看到色彩，耳朵聽到音聲，鼻子聞到氣味，舌頭嘗到味道……由根塵的和合，構成我們的認識和各種心理活動。

佛陀告訴我們，修行要從六根門頭入手，因為這裡正是煩惱的生起處。當根和塵接觸時，幾乎在同一瞬間，就會產生好看不好看、好聽不好聽、好聞不好聞和好吃不好吃的判斷，進而產生喜歡或不喜歡的分別，對喜歡的產生貪愛，對不喜歡的心生嗔恨。然後就會進入貪嗔痴的世界，帶著貪嗔痴去看這個人，看這件事。

但我們要知道，根塵相觸固然是煩惱生起的基礎，同時也是走向解脫的關鍵。在佛經中，將十二處稱為入處，也稱漏處、修處、證處。所謂入處，因為六根是接收外部六塵的六個窗口。所謂漏處，即有漏生起處。當根塵相觸時，如果內心沒有正念這個守門員，五欲六塵就會長驅直入。所以，世人不犯錯是很難的，因為他沒有正念，每天還要面對那麼多誘惑，自然就會引發貪嗔痴，引發愛取有，煩惱就此產生。所謂修處、證處，即修行證道的立足點。當根塵相觸時，如果保持正知正念，無論面對什麼樣的境界，在我們眼中不過是一個影象而已。既能對它了了分明，也不會引發貪著或嗔恨的煩惱。

從南傳的內觀，到漢傳的觀照般若，都在引導我們訓練正知正念。一旦具足覺知力和觀照力，就能在面對境界時安住正念，帶著正念去吃飯，去走路，去做每一件事。而不是隨著串習，進入貪嗔痴的軌道。

當心保持覺知，所有正當的事都可以去做。反過來說，做事也是強化覺知、修習正念的過程。這一點看似容易，做起來並不容易。因為串習太強大了，常常在我們尚未察覺時，就瞬間開啟，自動運轉了。看到喜歡的人，不知不覺就貪了；看到討厭的事，不知不覺就生氣了。這個不知不覺有兩種，一種是從來沒有知覺，根本沒想到這麼做有什麼問題；另一種是後知後覺，雖然知道應該怎麼做，但覺知力和反應速度不夠，總是在貪嗔痴生起後，才發現自己又輸了一個回合。

這就需要加強訓練，保持覺知的敏銳，強化觀照的力度，進而使這種斷斷續續的覺知和觀照能更穩定，更持久。一旦念念相續，就能在根塵相觸的每個時刻保持覺知。如此，它就不再是入處、漏處，而是修處、證處了。

所以，十二處的修行很重要。在十二緣起的修行理路中，同樣是在根塵相觸時入手——從六入到觸和受之後，就不再進入愛取有，從而切斷輪迴之鏈。正知正念的修行，需要以正見為基礎。在《阿含經》中，重點介紹了四念處的修行，即「觀身不淨，觀受是苦，觀心無常，觀法無我」。南傳的內觀，就是圍繞身受心法四個所緣，從保持覺知到生起觀智，照見諸法，最終解脫煩惱。

生命就是心念的延續。可以說，心念決定了我們的世界，也決定了生命的走向。對於每個人來說，選擇並發展什麼樣的心念，其實就像投資一樣。妄念帶來的，是生命的虧損和貶值；而正念帶來的，則是生命的提升和增值。

3．中觀

中觀、唯識、如來藏是大乘的三個基本正見，由此形成漢傳佛教的三大思想體系，印順法師稱之為「性空唯名系、虛妄唯識系和真常唯心繫」。

中觀思想主要體現在般若系經典中。其中，《心經》和《金剛經》在中國流傳最廣，最為人熟知。不必說佛教信徒，在歷代文人中，讀誦抄寫此經者也不計其數，並留下大量書法精品。而玄奘三藏翻譯的六百卷《大般若經》，則是佛教史上分量最大的一部經典。在佛陀四十五年的說法過程中，有二十二年在開顯般若思想，其重要性由此可見。

般若思想在魏晉南北朝時期傳入中國，當時玄學盛行，以空性見為核心的般若思想，一經傳入就備受推崇。文人士大夫們喜歡和高僧在一起談老莊，說般若，促進了般若思想在中國的弘傳，很快發展為六家七宗，從不同角度對般若思想加以詮釋。而隋唐時期形成的三論宗、華嚴宗等，也是依般若思想建立的。除了漢傳佛教，藏傳佛教也很注重般若經典。很多家庭供奉有《般若八千頌》，深信此經具有極大的加持力。流傳至今，已成為傳統習俗之一，也是藏族文化的組成部分。而藏傳佛教中規模最大的格魯派，更是對般若思想推崇備至，並以中觀應成派的見地為究竟。

中觀思想的核心，是「一切法無自性」。所謂自性，就是可以不依賴條件獨立存在的實體。這在《心經》和《金剛經》中表現得極為充分。《心經》僅短短兩百多字，「不、空、無」三個關鍵字卻出現了近四十處。

經中，開篇即以「色不異空，空不異色；色即是空，空即是色」，直接彰顯了般若思想的核心，說明一切存在都是緣起的假相，本質上是空的，無自性的。其中的「色」泛指物質，可將此替換為一切存在現象，如「山不異空，空不異山；山即是空，空即是山」等，並從這個角度來看待世界，認識人生。在《金剛經》中，則以「所謂世界，即非世界，是名世界」的三段式，作為認識世界的角度，說明一切緣起現象在本質上都是空的，其中沒有不變的「自性」。我們所認為的，實實在在的人，實實在在的世界，不過是假名安立而已。

《阿含經》中，主要揭示了無常、無我的思想，認為空是甚深義。事實上，無常和無我都是空的不同表現方式。「常」代表對世界的自性見，「無常」則空去我們執著的「常」；「我」代表對五蘊色身的自性見，「無我」則空去我們認定的「我」。原始佛教中有個部派叫「說一切有部」，他們對世界的分析，和早期西方哲學有相似之處，認為世界存在不可分割的實體——「極微」。由這個基本元素的不同組合，構成各種存在，乃至整個世界，所謂「三世實有，法體恆有」。

依有部的觀點，認為緣起和自性可以並存。但到了中觀般若思想，認為緣起必定沒有自性。在因緣和合的諸法中，根本沒有不依賴條件存在的特質，所以叫緣起性空。可以說，整個般若經典都在彰顯空性思想。包括後來的《中論》、《百論》、《十二門論》等，也是從不同角度加以剖析，幫助我們透過現象看到事物本質，從而破除執著。

每個人接觸世界時，都會對現象作出判斷，形成自己的認識，比如美醜、貴賤、好壞等。進而執著這種判斷和認識，覺得這個東西是我的，它很漂亮，很真實，很有價值。這種認定和執著並非事物本身的屬性，而是我們附加其上的。正是它們，引發了貪愛、嗔恨及一切煩惱。

凡夫都是活在二元對立的世界，要證悟空性，必須超越二元，掃除原有認知中的自性見，讓事物回到它的本來面貌。所以，「空」並不是要否定客觀現象，而是否定我們在現象上施設的錯誤認識。把附加其上的錯誤設定去掉，我們才能看到事物的本來面目。正如龍樹菩薩在《中論》所說：「因緣所生法，我說即是空，亦名為假名，亦名中道義。」因緣和合的一切現象都是空的，這個空不是沒有，而是沒有自性。換言之，離開條件根本就找不到固定不變的特質。當我們去除對事物的一切執著，空性慧就顯現了。

4・唯識

唯識也是大乘佛法的重要思想之一。早在梁武帝時期，來自西印度的真諦三藏就來華翻譯了大量經典，後被尊為中國四大翻譯家。在他所譯的經論中，有不少是關於唯識思想的，如《中邊分別論》等。另一部《十七地論》，就是玄奘後來重譯的《瑜伽師地論》，只是當時因為戰事、國難等原因，僅譯出五卷就被迫停止。玄奘三藏發願西行求法的重要緣起，就是為了求取該經的足本。

說到唯識思想在漢地的弘傳，不得不提玄奘三藏。他不僅翻譯了《瑜伽師地論》、《成唯識論》、《辯中邊論》、《唯識三十論》、《百法明門論》等著名的唯識典籍，還建立唯識宗，位列漢傳佛教八大宗派之一。雖然唯識宗在當時並沒有得到廣泛弘傳，僅兩三傳之後就基本湮沒了，遠遠比不上中觀思想在漢地的普及程度。但到了民國年間，當時失傳的一些唯識典籍從日韓等地被發現並傳回國內，使唯識的研究和弘傳再次復興。尤其在太虛大師等教內外大德的宣導下，唯識還成為佛學院教學的必修課，延續至今。

中觀對世界的認識，可概括為真俗二諦，即空和有兩個層面。而唯識認為一切都是識的變現，並把我們對世界的認識分為三個層面，即遍計所執性、依他起性、圓成實性，又稱三性。遍計所執性，是呈現在我們認識上的錯覺；依他起性，是緣起的差別現象；圓成實性，是宇宙人生的實相。

關於這一點，唯識宗有個典型比喻。某人晚上看到一條繩子，以為是蛇，嚇出病來。繩子事實上是有的，但在他的認識上是沒有的；蛇事實上是沒有的，但在他的認識上是有的。不僅有，而且還被它嚇得魂飛魄散。蛇就是遍計所執，即呈現在我們認識上的錯覺影象，雖然它是不存在的幻有，但作用是真實的，否則就不會嚇出病來了。而繩子代表依他起，是存在的。唯識認為，凡夫之所以有種種煩惱執著，就是因為遍計所執著，因為錯誤的認識和執著。唯識所說的阿賴耶緣起，就是提供一個沒有處理過的世界，使我們了解認識和世界之間的關係。從這個角度說，學佛就是要改變蛇的錯覺，恢復繩子的認識。進而看到，繩子也是緣起的假相，本質上是了不可得的。只有這樣，我們才能擺脫誤解，通達真理。否則就會始終活在被妄識處理過的世界，無休止地造業並輪迴。

通常，我們把中觀稱為空宗，把唯識稱為有宗。空宗的重點是講空，不論說什麼，層層掃蕩，一破到底，最後統統是空，可謂萬變不離其宗。而有宗的特點是對認識和現象世界深入分析，告訴我們色法是什麼，心法是什麼；意識是怎麼回事，潛意識又是怎麼回事；凡夫的心理活動有哪些，修行過程中的心理活動又有哪些。包括彼此的關係，都分門別類，逐個剖析。

早期，古希臘哲學關心宇宙本體，世界本源。十六世紀後，西方哲學家發現，我們對宇宙能認識到什麼程度，是取決於自身的認識。如果不解決認識本身的問題，關心宇宙是沒有多大意義的。就像觀察設備出了故障，觀察結果自然是不可能準確的。所以說，我們擁有什麼樣的認識能力，才是認識外境的關鍵所在。對於認識和世界的關係，唯識宗的解讀特別透徹。我著有一本《認識與存在》，是對《唯識三十論》的解讀，就是根據唯識思想來幫助認識和世界的關係。

近年來，隨著心理學的興起，對心理現象和心行規律有著詳盡闡述的唯識思想，也受到越來越多的關注。我們的認識受情緒、經驗、教育的影響而形成，但這些情緒乃至教育往往是片面的。建立在這一基礎上的認識，自然也是扭曲的，就像哈哈鏡中的影象。正是這些錯誤認知，給我們帶來了種種煩惱痛苦。我們想要擺脫痛苦，首先要從建立正確認知開始，這就需要把認識和世界區分開來。

同時，唯識是立足於妄心展開修行，相對來說操作性更強。在我二十多年的弘法過程中，深深受益於唯識思想。因為它對妄心的剖析細緻而又準確，和心理學有相似的關注點，更容易被現代人所接受。在引導學人認識自我、轉染成淨等問題上，也有特殊的善巧方便。

5．如來藏

如來藏的見地，是大乘佛法的又一主流思想。在《涅槃經》、《楞伽經》、《楞嚴經》、《圓覺經》等重要經典中，都闡述了這一觀點，即一切眾生皆有佛性，都有成佛的潛質。

禪宗就是根據這一思想建立的。其重要性在於，為學人修行提供了極大的信心。禪宗有頓漸之分，其中，尤以頓悟法門為人嚮往，從者如雲。我們知道，成佛是一條長達三大阿僧祇劫的漫長道路，而禪宗有「直指人心，見性成佛」之說。為什麼能這樣？正是基於如來藏的見地。因為我們本來具有和諸佛無二無別的潛質，這個寶藏是現成的，本來具足的。就像礦藏，已經完完整整地在那裡，我們只要發現它、開啟它即可。如果還要通過修行逐漸形成，就不可能頓悟了。

關於頓悟法門的見地和修行，《六祖壇經》中有詳細記載。經中，把眾生和諸佛的分歧歸納為一念之間，迷了就是眾生，悟了就是佛。這種直截了當的法門，特別契合國人好簡的習慣。所以到六祖之後，禪宗在中國枝繁葉茂，遍地開花。但我們要知道，越是快捷的方法，對根機的要求越高。如果根機不夠的話，好簡會流於膚淺，直接會流於粗陋，心地法門會流於口頭玄談。即使學人根機尚可，如果沒有明眼師長指點，這個成就諸多大德的「向上一著」，也很難用得上。結果是，大家都喜歡禪宗，推崇禪宗，實際又沒能力修起來。雖然修不起來，但也不想回頭從基礎開始，次第前行，最後就變得高不成低不就。可以說，這也是漢傳佛教走向衰落的原因之一。所以我們必須重視基礎和次第，這樣的話，哪怕現在是鈍根，只要方法正確，假以時日，也能越磨越利。因為根機是緣起的，將隨著我們的努力發生變化。

我們現在建立了一套三級修學模式，目的就是幫助大家一步步地走向解脫。有了次第和正確方法，解脫並沒有我們以為的那麼難，那麼遙不可及。同時，解脫也不是死後的事。解決一個問題，就能從這個問題帶來的困擾中解脫出來，感受解脫帶來的喜悅。

七、人天道、解脫道、菩薩道

佛陀出現於世，降魔成道，說法度眾，為我們指出了三條道路，分別是人天道、解脫道和菩薩道，又稱三士道。這是佛陀根據眾生不同根機而施設的。在傳世經典中，聲聞經典重點開示解脫道的修行，大乘經典重點開示菩薩道的修行。這兩類經典都有人天善法的內容，以此作為一切修行的基礎。

1・三士道

（1）人天道

人天道，包括人道和天道。相對而言，天道生活環境最好，可以盡情享樂。它不僅是世人嚮往的樂園，也是很多宗教認為的終極歸宿。但佛教認為，天堂過於享樂，生在其中是無法修行的，一旦天福享盡，仍會隨業流轉，甚至墮落。就像坐吃山空的富家子那樣，雖然眼前境遇很好，但只會消耗福報而不能集資培福，終有家財耗盡的一天。相比之下，有苦有樂的人間更適合修行。因為苦，才會讓人生起離苦得樂的願望，尋找離苦得樂的方法，所以諸佛世尊皆出人間。

學佛首先要具足人的身分，所以要修習人天善法。從另一個角度說，有些眾生根機尚淺，如果直接說出離心，說菩提心，是很難被他們接受的，這就需要有一個過度。因此在《阿含經》中，佛陀經常是「先說端正法，後說正法要」。端正法，即世間的福報莊嚴，告訴人們要布施持戒，修習善法，最終才能生天享樂。這也是大眾最為普遍的訴求。佛陀說法是本著契理契機的原則，既然大眾熱衷於此，便以此作為接引手段，等他們從中受益了，再進一步加以引導，所謂「先以欲鉤牽，後令入佛智」。

儒家所說的仁義禮智信、溫良恭儉讓，也屬於人天善法的範疇。在引人向善的作用上，和佛教的人天道有相似之處。但我們要知道，佛陀的三乘教法是一個整體，人天道只是其中的基礎部分，目的是導向解脫，成就菩提。如果簡單地將儒家乃至其他宗教的善法和佛教的人天道混為一談，其實並不妥當。在以儒家文化為背景的中國古代，為了方便佛教傳播，古德作一些融合是有必要的，這樣才能使佛教在不同的文化土壤中生根發芽。但到今天，佛教已傳入兩千多年，早已成為中國傳統文化的重要組成部分。在這樣的文化背景下，人們完全可以直接接受佛教思想。如果還要為他們先講儒家，再講佛法，甚至認為這是學佛的基礎，顯然是不合理的。當然，這個方法可能對某些人適用，但並不具有代表性，更不是必經之路。

人道，屬於六道之一。所謂六道，即天、人、阿修羅、畜生、餓鬼、地獄六種生命形態。這些生命形態的差別，就來自心念的差別。可以說，輪迴就是心相續的外化，因為心念不同，又導致語言和行為的不同，最終發展出不同的生命軌跡。雖然我們目前在人道，但有沒有走好呢？一不小心，就可能走到畜生道、餓鬼道、地獄道。當我們內心處於無明和愚痴之中，只是為了衣食活著，沒有任何精神追求，那與動物有何差別？當我們內心處於貪婪和飢渴之中，永遠沒有饜足，永遠都想攫取，那與餓鬼有何差別？當我們內心處於嗔恨和憤怒之中，對任何人都充滿敵意，那與地獄有何差別？所以說，六道未必要通過死亡來切換，在今生，在每個當下，我們隨時都可能流轉六道。

怎樣才能不負人身，進而完成它的最大價值？首先要具備做人的德行，這也是我們在未來獲得暇滿人身、繼續修行的保證。其次還要明白，無論做人或生天，都是有漏的，不究竟的。得到人身的意義，在於用它聞思佛法，修行解脫，這才是學佛的核心所在。

（2）解脫道

什麼是解脫？就是解脫煩惱，解脫執著，解脫生死，解脫輪迴。這就需要深刻意識到五欲的過患，以及輪迴的痛苦本質。在人天道的修行中，是以得生人天為目標。但在解脫道的修行中，要把曾經的目標作為捨棄對象，要看到人天之樂的過患，看到輪迴六道的過患，從而生起解脫之心。有了煩惱痛苦固然要解脫，有了名聞利養更不能忘記解脫。因為三界中的一切都是牢獄，是束縛，本質上是痛苦的。

解脫道固然是以解脫為目標，菩薩道同樣是以解脫為目標。區別在於，前者是個人解脫，而後者是帶領眾生共同解脫。所以，不論出家眾還是在家眾，如果不想解脫，修行根本沒有上路，甚至可以說，算不上真正的學佛人。

（3）菩薩道

從菩薩道修行來看，所謂的人天道、解脫道，都是佛陀接引眾生的方便之道。《法華經》將此比喻為化城。經中記載，有位導師帶領眾人前往寶所，中途要經過長達五百由旬的險惡難行之道。當人們在前行途中體力不支，準備放棄退轉時，導師憐憫眾人不能得到珍寶，就在中途變現一座化城讓人休息。但休息只是手段，目的是等恢復體力後繼續往前。正如經中所說的那樣，「諸佛以一大事因緣故出現於世」，那就是令眾生「開佛知見，示佛知見，悟佛知見，入佛知見」。佛陀真是偉大，他沒有想著：我成佛了，你們只能成阿羅漢，低我一等。而是苦口婆心地叮囑我們：你們都有成佛的潛力，都應該成佛，開啟並圓滿和諸佛同樣的智慧。這才是佛陀真正的本懷。

從這一點來說，佛陀開示的所有道路，最終都可匯歸為成佛之道。所以在《法華經》中，佛陀又對以往所說的三士道作了歸納：「十方國土中，唯有一乘法，無二亦無三，除佛方便說。」告訴我們，他一生說法的目的，都是為了將眾生導向成佛之道，其他只是方便說法而已。不僅人間佛陀是這樣，十方三世諸佛菩薩都是這樣。

2．解脫道和菩薩道的修行次第

雖然菩薩道修行才是最究竟的，但離不開解脫道的基礎。在國人熟知的《維摩詰所說經》等大乘經典中，往往對聲聞解脫道的修行持批判態度。但我們要知道，這是針對執著聲聞解脫為究竟而作的批判，並不是批判解脫道的修行。事實上，菩薩道正是解脫道的延伸和圓滿。就解脫的核心目標來說，菩薩道和解脫道完全一致。不同只是在於，菩薩道將個人解脫擴大為幫助一切眾生共同解脫。如果輕視解脫道的基礎，菩薩道就會成為空中樓閣。在這個問題上，唯識經典對兩者作了善巧的融攝，把解脫道作為菩薩道修行的組成部分。最典型的就是《瑜伽師地論》，從人天善法講到聲聞地、獨覺地，再進入菩薩地的修行，層層遞進。每一部分的修行，都是未來繼續修行的基礎。

那麼，解脫道的修行重點是什麼？楊郁文研究員編寫的《阿含要略》中提供了幾個要點，我覺得非常重要。抓住這些要點，就知道解脫道該怎麼走了。第一是道心，發起向道之心。向道是修道的開始，需要有羞恥心，即儒家所說的良知，再學會分辨善惡，才能止惡行善。第二是覓道，尋覓這條道路。佛陀總結為四法行，即親近善知識、聽聞正法、如理作意、法隨法行。通過聽聞和思惟，把佛法轉化成自身認識，然後依法實踐。第三是見道，見到四種不壞淨，即佛法僧戒的最高本質，也就是覺性、法性、空性。見道之後，才知道前面的道路該怎麼走。第四是修道，主要內容為戒、定、慧、解脫、解脫知見，又稱五分法身。這不僅是見道後的修習項目，也是整個聲聞解脫道的修行內容。

而在《菩提道次第略論》中，則將三士道融為一體，為我們提供了從凡夫到成佛的簡明套路。本論主要分為道前基礎和正行兩部分。其中，道前基礎是修道前的準備工作，包括了解聞法軌則、修習依止法、認識暇滿人身的意義等，及「守護根門、正知而行、於食知量、悎寤瑜伽」等座下修行。比如聞法軌則告訴我們，聞法時應該遠離覆器、垢器、漏器三種過失，同時還要「於己作病者想，於說法者作醫師想，於教法作藥物想，於修行作療病想，於如來作正士想，於正法起久住想」。在修學時，我們有這些過失嗎？能生起如法的觀想嗎？

此外，論中以「依止法」作為入道根本，這一點非常重要。現在的學佛人，和師長普遍沒有依止關係，就像學知識一樣隨便聽聽。學來學去，往往還在自己的習氣、我執、我慢中轉悠。事實上，不是善知識需要我們依止，而是能否對善知識生起信心和依止心，直接關係到我們能否於法受益。對暇滿義大的思考，則是選擇佛法的重要前提。我們為什麼要學佛？怎麼活著才有意義和價值？如果我們對這些問題深入思考後，會發現唯有學佛才能實現人身的最大價值，此外別無他途。由此對三寶建立的信心，才是真切而堅定的。

正行部分又分三士道，分別是共下士道、共中士道和上士道。一個「共」字，清楚標明了三者的關係。比如下士道，既有相對的獨立性，也是中士道和上士道的基礎。反過來說，中士道和上士道的成就都離不開下士道。從另一個角度說，下士道以信仰為中心，中士道以出離心為中心，上士道以菩提心、菩薩行為中心。而信仰建設是出離心的基礎，出離心是菩提心的基礎，菩提心是菩薩行的基礎，出離心、菩提心、菩薩行又是空性見的基礎。總之，每個環節都是層層遞進的。

《道次第》三士道的架構源自《瑜伽師地論》，這一次第非常適合當今學人。尤其是道前基礎部分，正是很多人忽略的。如果地基不穩，哪怕後面下再多功夫，也是難成大器的。十餘年來，我特別重視對本論的弘揚，就是希望大家找到一套有效的修學方法。不論什麼根機，也不論可以投入多少精力學佛，只要方法正確，那麼，學一點就有一點受益，有一點成長。關於這部論，我有一百一十四講的講課影音，對其中開顯的修學原理作了解讀。這些內容還整理為《菩提大道》，分上中下三冊，可以作為了解修學次第的參考。此外，我先後從不同角度對相關內容作了開示，或是談修學要領，或是談實修理路，這些開示結集為《道次第之道》，可以幫助我們從整體上把握論中的思想脈絡。

八、結束語

我們常常可以看到，人們在佛菩薩像前五體投地，虔誠膜拜。為什麼要拜佛？多數人是把佛陀當作一個依賴，向他祈求些什麼。這樣的拜佛，和拜神是沒什麼區別的。從某種角度來說，甚至帶有巴結權貴的意味，和禮佛的本意背道而馳。真正的禮敬諸佛，不是為了祈求恩賜，也不是為了尋求保護，而是了解到佛菩薩的人格特徵和無量功德後，心嚮往之，希望自己也成就那樣的大智慧、大慈悲、大解脫、大自在。這些品質正是佛和眾生的差別所在，也是我們學習的目標所在。

佛陀曾經和我們一樣，對生死充滿困惑。為了解決這些問題，開始走上修行道路。對於每一位佛弟子來說，這些修學經歷並不是故事，而是我們學習、模仿、追隨的榜樣。學佛到底學什麼？簡單地說，就是學習佛陀的言教和行為。對於佛陀採用的修行方法，我們都要了解，他為何這麼做，解決的問題是什麼，今天的人又該如何仿效？只有這樣，學佛才會落到實處，才能真切體會到，我們經常稱念的「南無本師釋迦牟尼佛」中，那個「本師」的深意所在。

水清月現

——二〇一二年冬講於鹿野苑

我們一路走來，從菩提迦耶到王舍城，從靈鷲山到那爛陀。看到許多佛教遺址，也看到了佛陀一生的行跡，印度佛教的興衰。

鹿野苑，是佛陀初轉法輪的地方。

一、緣起緣滅

面對這些遺址，我有一種沉重的感覺。這不是因為佛法，佛法是不生不滅的，而是因為今天的世界，眾生沒有福報，使佛教在自己的誕生地變成一片廢墟。

佛陀發現的真理，是普世的存在，亙古亙今。不論有佛出世，無佛出世，覺醒之道都在那裡！佛陀的出世，稀有難得，猶如珍貴的優曇婆羅花，數千年才開一次。這是悲願所使，也是應緣而現，宛如「千江有水千江月」，明月高懸，水清月現。眾生有福，就像清水，自然能照見月影；眾生無福，就像泥塘照不出月亮。

佛教為什麼會起源於印度？與印度的文化傳統、民族特性和福德因緣有關。

印度文化自古就重視精神追求。佛世時，印度就有近百種宗教，都在探究永恆的困惑，找尋生命的出路。佛陀對人類最大的貢獻，在於他證悟了生命的真相，找到了真正的涅槃之道；在於他發現一切眾生都有覺醒的潛質，都有自我拯救的能力。這樣的發現，給每一個眾生帶來了信心和希望。

佛教徒弘揚佛法，不是要成就佛教的事業，維護佛教文化的傳承，而是因為佛法是每個人內在的需要，是因為看見眾生還有痛苦和煩惱，唯有佛法才能根除。這是傳承和傳播佛法的真正意義所在。

真理遍於一切。佛法講緣生緣滅，佛教的出現與衰落，不是因為佛法本身有起有落，而是應世間因緣變化隨起隨落。

佛法的延續和傳播，同樣離不開眾生的因緣。其中最重要的，是人們對佛法的希求，對覺醒的嚮往。我們每個人都要去創造傳播佛法的因緣，創造世間良善的力量。

今天，佛法該如何繼承，如何弘揚？這樣的使命，已經落到我們這一代佛弟子身上！

二、甘露之門

許多人雖然信佛、學佛，卻未必知道佛法對每個生命而言，有多大價值；也不清楚佛陀的成道，究竟成就了什麼，意義在哪裡？

據佛經記載，今天我們能夠聽聞佛法，要感謝當年大梵天請法。

佛陀當年在菩提樹下悟道後，一邊安住於解脫的法喜，一邊思考如何讓世人接受自己發現的真理，因為它與常人的認識相距太遠。佛陀感到人們恐怕難以接受，想放棄說法，直接入滅。在這個關鍵時刻，大梵天來請法了。

在印度教中，大梵天是最高的神。大梵天請法，代表的是最高的祈請。

印度宗教有個共同特徵，就是關心輪迴與解脫的問題。但輪迴的真正根源是什麼？怎樣才能究竟解脫？佛陀的悟道，找到了生命的真相，為人類指明了出路。

我們每個佛弟子，都要感恩佛陀的發現！因為他解決的是生命的根本問題，比世間任何科學發現更重要、更有價值。

佛陀接受了大梵天的祈請，決定開始說法。

他尋找應機的眾生——先度誰呢？他想起了曾經教導自己禪修的兩位老師。當他以天眼觀察，發現他們就在不久之前已經入滅。

他又想到當年陪伴自己出家的五個侍從。

佛陀出家前是淨飯王的太子。他剛剛出家時，淨飯王派了五個人跟隨他。後來這五人看到太子放棄苦行，以為他退失了道心，就離開了他。佛陀觀察到這五人正在鹿野苑修行，就從菩提伽耶動身前往。

在路上，一位婆羅門看到佛陀氣質安詳，與眾不同，開口詢問佛陀是誰。佛陀告訴他，我是佛陀，我已經完成了生命的覺醒。婆羅門不大相信，用一種略帶嘲笑的口吻說：「但願如此吧。」

這是一個耐人尋味的場面。

到達鹿野苑之後，佛陀初轉法輪，對五位侍從宣說了他所悟到的法。聽完佛陀說法，這五個人成為佛陀的第一批弟子。

用「轉法輪」指代宣說佛法，與印度的文化有關。

在印度，「輪」是權力的象徵，「轉輪聖王」是印度人心目中的理想君主。他們德才兼備，能開創盛世，因為他們擁有一種「輪寶」，依靠道德感化，輔以特殊的武力，就能無往不勝。

「轉法輪」是一種譬喻，意思是佛法如輪寶一樣，威力巨大，可以摧伏世間一切邪見、迷惑和煩惱。

佛陀在鹿野苑宣說了十二因緣和四諦法門。

十二因緣提供了兩種規律，一是輪迴的規律，一是解脫的規律。掌握了輪迴的規律，就明白了痛苦的源頭及其形成的鏈條，也就能知道如何溯流而上，清除源頭，獲得解脫。

四諦法門，即苦、集、滅、道。苦，是痛苦的現狀；集，是痛苦的原因；滅，是息滅痛苦的涅槃之境。道，是抵達涅槃的方法，即八正道。

四諦法門是佛陀教導眾生解除輪迴痛苦的總綱。

人們通常怎樣對待痛苦呢？不外乎通過經營事業、獲取金錢、改善環境、各種娛樂等等，再找回些快樂。從佛法的角度來說，這些快樂，並不是解除痛苦的根本辦法，最多只能暫時緩解一點痛苦的感覺。

佛法認為，解除輪迴痛苦的關鍵，在於找到形成痛苦的根源，擁有去除病根的辦法，才能變成徹底健康的人。

涅槃是什麼？涅槃就是息滅煩惱，徹底恢復心靈的健康和自由。

治療方法就是八正道：正見、正思惟、正語、正業、正命、正精進、正念、正定。

八正道，是一條「古仙人道」。這裡的「仙人」指的是已經解脫自在的聖賢。佛陀好比走在原始森林裡，忽然發現了一條可以通向光明的大道。那些古聖先賢，也是通過這條大道抵達覺醒。

佛陀不是發明了這條解脫之道，而是發現了它。我們每個人也都可以沿著這條大道，證得涅槃，抵達覺醒。

「涅槃」一詞，並不是佛教首創。但如何才能正確解讀涅槃？

佛陀並沒有直接去定義涅槃，而是先通過緣起的智慧，找到輪迴的根源。為了探求真正的涅槃，佛陀修到當時外道最高的禪定，堅持過六年苦行，最終發現其他宗教所追求的生天、甚深禪定、享受欲樂、麻醉自己等，都不是真正的涅槃。只有徹底平息無明、煩惱，才是真正的涅槃。

在隨後四十五年的說法中，佛陀針對不同的眾生，立足於八正道，施設了三乘教法，八萬四千法門。

佛教在兩千多年的傳承傳播中，如同不斷開枝散葉的大樹，形成漢傳、南傳、藏傳三大語系，以及種種宗派、法門，這些代表佛法的不同治療方案，最終都是為了導向八正道。佛法修行，必須掌握這個核心，回歸佛陀說法的主幹。

今天的我們，學佛難不難？說難也難，面對不同的語系、宗派、法門、經論，應該先學哪個，再學哪個？多數人都不知道如何選擇。說不難也不難，再多治療方案，都要回歸修行的重點。

佛陀的教法，為眾生開啟了通往涅槃的門戶。阿含經中講道：這是人世間第一次出現了甘露之門！多麼稀有難得！多麼重要！

三、弘揚佛法

望著眼前的廢墟，我覺得很悲哀——佛法是這樣智慧，眾生卻又是這樣無明。

世間人不信佛法，就像沒有眼睛，認不出正確的方向，得不到安全的指引，只能活在自己的妄想裡，不斷地造業、受苦，生命注定在輪迴中沉淪，沒有盡頭，沒有出路。

即使有幸遇到佛法，能不能意識到佛法的價值，取決於每個人的慧根的深淺。老子在《道德經》中說：「上士聞道，勤而行之；中士聞道，若存若亡；下士聞道，大笑之。」

今天的時代，上根利智者少之又少。但對於我們而言，無論面對哪種根器的眾生，都要出於慈悲，嘗試種種方便，啟發他們學佛。

當代人學佛，很不容易。由於佛教已經形成了博大的文化哲學體系，三大語系，種種法門，面對枝繁葉茂的大樹，學人很容易被枝葉花朵遮蔽，看不見主幹，在修學中顧此失彼，抓不住要領，即使精進不輟，也會收效甚微。

但再多的枝葉花朵，都未曾離開根本。佛法的根本精神，就是佛陀初轉法輪時所說的四諦法門。我們今天要做的，是找到契合當代人的方式，引導人們回歸佛法的核心，忠實地認識、理解和傳播佛法的根本精神，在解脫道和菩薩道的基礎上，對佛法做現代詮釋，幫助更多人有效修學，走向覺醒。

這是歷代祖師做過的事情，也是每個時空裡，有志於弘揚佛法的人要做的事情。有佛法，生命就有希望，社會就有希望，世界就有希望。用佛法幫助眾生走向解脫，值得我們盡未來際不懈努力。相比之下，世間其他的事情，微不足道！

皈依修學手冊

對於佛弟子而言，「皈依三寶」似乎再熟悉不過。正因為如此，不少人對之感覺十分平常，未能引起足夠的重視。事實上，皈依不僅是一道手續，更不是一次儀式就可大功告成的，其本身就是重要的修行方式。甚至可以說，皈依貫穿著整個成佛的修行。如果不能真正認識三寶的內涵及重要意義，即使履行了皈依儀式，也難免存在諸多問題。

各人走入佛門的因緣不同，或是基於對三惡道的恐懼而尋求歸宿，或是在現實中缺乏安全感而尋求依賴，或是為解脫輪迴苦而尋求救度，或是為保平安而尋求保障，或是「寧信其有，不信其無」的泛泛信任，或是真正認識到三寶功德而發心皈依。林林總總，不一而足。這些不同的皈依之因，將直接影響到我們學佛的態度及深度。那麼，什麼才是正當的皈依之因？

有些人雖已皈依三寶，卻未真正生起依賴感和歸屬感。而從佛法修學來說，保有對三寶的依賴感及歸屬感極其重要，將直接關係到皈依後人生目標能否提升，人生觀念能否改善，以及內心能否安住。若不能對三寶生起依賴感及歸屬感，一切將無從談起。這是不少人雖然學佛多年，內心仍漂泊無助的原因所在。那麼，如何培養對三寶的依賴感和歸屬感，使之持久產生作用？

有些人以為皈依三寶只是學佛的開始，雖然是走入佛門的必要手續，但與修行沒有多大關係。因而，皈依後從不修習並強化皈依，以致對三寶的信心逐漸淡化，所謂「學佛一年，佛在眼前；學佛兩年，佛在大殿；學佛三年，佛在西天」。

皈依，是對三寶最真切的信賴，是對佛、法、僧全身心的歸投，這就需要在學佛過程中時時修習。唯有不斷強化，才能真正對三寶生起強烈的歸屬感。如此，方不至於在學佛路上迷失方向。憶念三寶的過程，是學習佛菩薩發心和行持的過程，也是將自身融入三寶無盡功德的過程。通過對佛菩薩心行的憶念和類比，最終於自身成就眾生本具的自性三寶。那麼，應該如何修習並不斷強化、深化皈依？

還有些人在皈依後不知如何進一步修學，似乎學佛已隨著皈依儀式的結束而圓滿。那麼，皈依之後應當研讀哪些經論？遵循怎樣的修學次第？如何選擇並親近善知識？

本文將圍繞皈依相關的問題，一一展開說明。

一、皈依三寶在修學佛法中的地位

佛法雖有三藏十二部典籍，八萬四千法門，但其中有著共同的要領。而在修學上，也有基本的規則。不論選擇什麼宗派，修學什麼法門，都繞不開這些要領和規則。倘若忽略這些根本，必將付出慘重的代價。

在多年的修學過程中，我深深意識到皈依、發心、正見和戒律的重要性。其中，皈依是佛法的根本，發心是修行的根本，正見是解脫的根本，戒律是僧團的根本。任何人的修行都要建立在這些基礎上，而皈依更是重中之重，是每個學佛者必須高度重視的。

1．皈依三寶是學佛的開始

成為佛教徒，最基本的衡量標準便是皈依。正如入學需要註冊那樣，必須通過相應儀式獲得合法身分。皈依，是成為佛教徒必須履行的入門手續，也是遠離三惡道、邁向菩提道的開端。

時常有人詢問：若不皈依，可否依法修行？當然，能按佛法教義調整身心，按相應法門修習實踐，多少總會有一些受益，但所得極為有限。如果不曾生起懇切的皈依之心，正說明對三寶的信心尚未具足。儘管在學，儘管在修，也往往會按個人喜好抉擇，而非全身心地投歸三寶懷抱，以此作為人生的唯一目標。沒有堅不可摧的信心和改造生命的決心為動力，如何從無始劫來的輪迴中脫穎而出，煥然重生？

所以，學佛首先應該皈依三寶，而且是真切、投入、全身心的皈依，沒有討價還價的餘地，也沒有患得患失的反覆。唯有這樣的皈依，才能使我們站到菩提大道的起跑線上。否則的話，終究還是在場外徘徊。即使領到一張屬於自己的皈依證，也只是擁有了入場的通行證，還需要自己走過去，才能使之生效。這段距離，正是靠我們對三寶的信心來跨越。

2·完成皈依是學佛的目標

皈依三寶的最終目的，不是為了等待三寶庇護，等待三寶為我們安排一切，而是為了使自己最終成為三寶。或許有些在家居士會擔心：那是否意味著我們都要出家呢？並非如此。我們所要成就的，並不局限於形象上的三寶，而是三寶具備的內在品質，這才是修行的關鍵所在。

那麼，三寶具備的品質又是什麼？

佛，是覺悟，具足無限的慈悲和智慧；法，是空性及趣入空性的中道；僧，是賢聖僧的品質，即無漏慧和解脫德。所以說，並不一定要捨俗出家才能成為三寶。更重要的，是於自身圓滿三寶具備的品質和功德。惟其如此，才能成為真正意義上的三寶。

對於出家眾來說，雖然剃髮染衣，成為繼承並弘揚佛法的僧人。在形象上已是住持三寶之一的僧寶，與佛像、經典一起，象徵佛法在世間的流傳。但從內在考量，是否具足表裡如一的品質？這是我們需要反躬自省的。如果有名無實，流於表相，終究與解脫毫不相干。發心出家，只是踏上了尋求真理的解脫之路，抵達終點之前，還需要不斷精進修行，最終成為名副其實的三寶。

佛法的一切修行，都是幫助我們成就內在的、佛菩薩那樣的品質。念觀音聖號，是為了憶念觀音菩薩的大慈大悲，以此為學習榜樣，時時激發自己，圓滿同樣的慈悲品質；念彌陀洪名，是為了憶念阿彌陀佛的四十八大願，以此作為修行楷模，時時策勵自己，成就同樣的弘誓偉願。

所以說，稱念佛菩薩名號，不僅是為了得其護佑，更不是祈求他們滿足一己私欲，乃至成就自身的凡夫心，否則與佛法修行是背道而馳的。憶念佛菩薩的根本目的，是仰慕其智慧和德行，從而見賢思齊，從善如流，不斷向佛菩薩靠攏，最終於自身成就和他們同樣的品質。如此，才是標準的佛子所行，是對皈依的圓滿完成。

3．因皈依而有種種法門的施設

佛法有八萬四千法門，但究其實，都沒有離開皈依三寶的範疇。可以說，離開三寶就沒有佛法。當年，阿底峽尊者入藏後，見人們皈依心不真切而四處傳講皈依，時稱「皈依喇嘛」。開始有很多人不以為然：誰不懂得皈依呢？我想，在座不少人看到本次講座的通知時，或許也會生起同樣的疑惑：皈依？皈依有什麼可講的？難道我們這些皈依多年的人還不懂得皈依嗎？對於這個問題，阿底峽尊者當年的回答是：我不知除皈依之外，還有什麼更高的佛法。

阿底峽尊者對「皈依」的重視及身體力行，我深有同感。多年的修學，使我深深體會到，任何法門都離不開皈依三寶這一根本。三寶，代表佛法全體，缺一不可。而佛法的整個修行，正是由表及裡、由淺入深的皈依過程。從這個意義上說，成佛正是皈依的圓滿成就。

選擇三寶為皈依處，便應時常憶之念之，就像憶念最牽掛的親人，使其形象時時映現於腦海，須臾不離。早期的《阿含經》中，極為重視憶念三寶的修行，不論是三隨念、六念還是十念，皆以憶念佛、法、僧為基本內容。其中，六念是在憶念三寶外加上念戒、念施、念天；十念則再增念休息、念安般、念身、念死四項。不論念的內容有多少，始終以念佛、念法、念僧為首要，為不可或缺的根本。

在漢傳佛教地區，許多信眾修習淨宗念佛法門。念佛，也有深淺的不同，是謂三根普被，利鈍全收。從持名念佛、觀想念佛、觀像念佛、實相念佛，及「自性彌陀，唯心淨土」，乃至禪宗的「即心是佛」，這些不同層次的修行內容，皆以對諸佛的憶念和皈依為核心。

此外，大乘佛教的許多修行法門，都是建立在憶念佛陀功德的基礎上。我們熟悉的《普賢行願品》，便是至高至深、至圓至頓的念佛法門，其核心思想可以用兩句話作為總結，那就是「菩提心的無上觀修，佛陀品質的臨摹方法」。念佛，是為了憶念佛陀功德，但更重要的是臨摹佛陀品質，並將這種憶念落實於行動中。所以說，《行願品》的修行是一種深層次的念佛，直接而切實。

念佛的效果，取決於我們對佛陀功德和品質的認識。在很多人看來，淨宗的念佛法門似乎再簡單不過，只須會念「阿彌陀佛」名號即可。那麼我要告訴大家，如果對「阿彌陀佛」的內涵缺乏認識，對其中蘊含的精深法義不甚明瞭，這句佛號很難念得有力度，更難以在生命中產生作用。須知，「阿彌陀佛」乃萬德洪名，具足無量無邊、不可思議的功德。對彌陀名號的認識達到什麼程度，這句佛號就能念到什麼深度。所以，念佛也應聞思經教，如理思惟。尤其對那些信心尚未具足者，唯有加深對佛陀功德和品質的認識，才能使所念的佛號充滿力量。

念法，即憶念佛陀教法及所施設的法門。這些法門是將我們導向彼岸的指南，是照亮前進方向的燈塔。我們修學佛法，是為了斷除煩惱、契入空性、解脫生死，成就佛菩薩具備的無上品質。怎樣才能獲得這些成就？佛陀已然入滅，我們唯有「親近善知識，依法得解脫」。兩千多年來，歷代祖師都是這樣成就的。

念僧，主要以念賢聖僧為主，包括一切未成佛的聲聞聖者及諸大菩薩，憶念他們的德行，憶念他們的修行法門。《阿含經》中，詳細記載了舍利弗、大迦葉、目犍連、富樓那、優波離等大阿羅漢的言行和證量。

許多大乘經典中，也展現了諸大菩薩的宏誓偉願：《法華經·觀世音菩薩普門品》記載了觀音菩薩尋聲救苦、千處祈求千處應的大悲精神；《地藏菩薩本願經》敘述了地藏菩薩眾生度盡、方證菩提的感人願力；《大乘瑜伽金剛性海曼殊室利千臂千鉢大教王經》演說了文殊菩薩平等饒益一切有情，令其得入諸佛聖果的真切誓言；《華嚴經·普賢行願品》闡述了普賢菩薩虛空界盡、我願乃盡的廣大行願。此外，《指月錄》、《高僧傳》等典籍中，還記載了歷代大德難行能行、為法忘軀的事蹟。他們的願力、修行法門及最終成就，都是每一位佛子應當時刻憶念、追隨不捨的。

若將諸佛菩薩和歷代高僧比作成佛之道的路標，那麼，不斷憶念其功德品質，意義便在於幫助我們瞄準方向、強化目標，使邁出的每一步都向終點靠攏。否則的話，凡夫心隨時都在尋找乘虛而入的機會，使我們被無明所惑，徘徊不前，乃至迷失方向。

由此可見，一切法門的修行都沒有離開皈依三寶。可以說，都是對皈依三寶的不同詮釋。

4・皈依三寶是佛法的根本

皈依，是區分佛教徒與非佛教徒的界限，是佛法和所有戒律的根本，還是一切修行實踐的保障。任何法門的修行，都基於我們對三寶的信任。「佛法大海，信為能入」，這種信仰是抵達解脫彼岸的舟楫。若不具備這一點，修行必定缺乏動力，更難以持久。為什麼我們對因果並不畏懼？對無常沒有感覺？在很大程度上，都是因為對三寶的信心尚不堅定，所以在聽聞因果和無常的教法後，雖然也覺得有道理，卻沒有達到深信不疑的程度。

關於此，宗喀巴大師在《菩提道次第略論》中有一生動比喻：有些人雖然皈依了，對三寶的信任還不如算卦者。若聽算卦者言，今年做某事將災禍降臨之類，多半會謹慎從事，依言而行。但學習經教、受持戒律後，卻時常犯戒而無慚愧之心，更不曾引起警覺。宗大師指出的情況，至今仍屢見不鮮。我們不妨反省一下，對於所學的佛陀言教信受奉行了嗎？對於所受的戒律悉心守護了嗎？對於善知識的教誨如法實踐了嗎？如果答案是否定的，那只能說明，三寶在我們心中尚未確立穩固的地位。

能否將所學佛法付諸實踐，直接取決於我們對三寶的信心及決定勝解。就像身患絕症的病人選擇醫生，必得充分信任對方，才甘心性命相托，老老實實地接受治療。同樣，佛法乃根除生死大病的良藥，無論是念死無常、念輪迴苦、深信業果，還是緣起性空、諸法無我，都是佛陀為眾生慈悲施設的療病良方。充分信任法的真實和療效，才會依教奉行。當然，僅僅信任還不夠，因為解脫取決於對法的探索和實踐。就像病人必須遵醫囑吃藥才能痊癒，如果一味崇拜醫生，卻不積極配合治療，是不可能解決問題的。

因此，在深信三寶的前提下，還要不斷聞思經教，時時憶念法的功德，發自內心地對法生起淨信和恭敬。只有透徹地了解它、信任它，才能將身心融入法中，依法改造人生。

二、皈依之因和皈依的選擇

皈依，必須有正當理由，這直接影響到學佛的態度和成就。正確的皈依之因，主要包括以下三方面：

1．認識暇滿人身的重大意義

我們所擁有的能夠聽聞佛法的暇滿人身，蘊含著重大意義，但這些價值必須通過皈依三寶來實現。暇滿，為八有暇和十圓滿。所謂八有暇，分別是非地獄道、非餓鬼道、非畜生道、非盲聾喑啞、非世智邪辯、非正法滅盡時、非北俱盧洲、非無想天等。十圓滿，則是眾同分圓滿，謂得生為人；處所圓滿，謂生於有四眾弟子之地；依正圓滿，依報是生於有佛法之地，正報是諸根不缺，能聽聞並受持佛法；無業障圓滿，謂今生不曾自作或教他作五無間罪；無信解障圓滿，謂不被撥無因果等邪見所蒙蔽；大師圓滿，謂遇佛出世；世俗正法施設圓滿，謂值遇無上佛法；勝義正法流轉圓滿，謂值遇佛及弟子，依法證悟諸果向等；正行不滅圓滿，謂教證之法仍在世間流傳；隨順資糧圓滿，謂具足修行所需資糧。十圓滿中，前五為自圓滿，餘五為他圓滿。

其中，主要可概括為這麼幾點：首先是心智健全，具有聽聞和理解佛法的能力；其次是沒有耳聾目盲等殘障，能閱讀經典或聆聽善知識說法；第三是不被錯誤觀念障礙，如受某些思想影響而全盤否定宗教；第四是生活在有機會聽聞佛法的地方。

這樣的人身究竟具有多大價值呢？事實上，根本無法以語言來描述。因為它是無價的，超過世間一切珍寶。其價值在於，能使我們開發生命的無盡寶藏，盡未來際解決自他一切有情的痛苦，共同走向解脫彼岸。而這些是任何財富無法解決的。當然，如果不能正確利用，這一身分也會使我們造業並墮落惡趣。再或者，使我們成為其奴隸，一生為它奔忙操勞，嘔心瀝血。在收穫和損失之間，相差的，又何止千萬倍、億萬倍！

人身已然難得，而暇滿人身較之人身更為難得。若不懂得珍惜，不善於開發其潛能，將是對生命的最大浪費。關於這點，我曾舉過一個例子：某人因重罪被判入獄達百年之久，期間允許有半天時間自由活動。若藉此機會立功贖罪，其後五十年便能盡享自由；若只是玩樂一通，雖然當下嘗到些許快樂，接著仍是長期監禁；若不慎因享樂而造作新業，則將禁受更漫長、更痛苦的牢獄之災。

眾生在輪迴中的處境也是如此。漫漫生死路，我們不知在其中輾轉出沒了多少回，生生世世，無有了期。好不容易盼到一次可以得救的機會，一個可以修行的身分，若不抓住時機精進改造，求得解脫，很快將繼續輪迴。在這個通向不同終點的岔路口上，千萬要認清方向，及時作出抉擇。

皈依，是開發生命無盡寶藏的必經之路。如果我們認識到，獲得人身等於得到一次決定未來命運的權利，還捨得輕易放棄嗎？還不立即行動起來嗎？如果一個貧苦者聽說自己有無價之寶卻不急於尋找，反而熱衷於各種蠅頭小利，不惜為此搏命，我們一定會嘆為傻瓜。不幸的是，我們生生世世都是這樣的傻瓜，為各種生不帶來、死不帶去的身外之物忙碌一生，反而顧不上開發自家寶藏。再或者，雖然也興沖沖地挖過，卻因一時不曾挖到就輕易放棄了。這都是因為我們對人身的價值缺乏認識。

2．念死無常

念死無常，同樣是生起猛利皈依之心的動力。「觀無常，足以得道」，佛陀關於修習無常的精闢總結，是每個佛子應當銘刻在心的。或許有人會不解：活得好好的，念死，豈非自尋煩惱？也有人會因此產生誤解，以為佛教使人消極避世。事實上，佛教所以強調念死無常，是為了使我們充分認識現實的嚴峻，時刻準備應付一切意外。即使在死亡突然來臨時，也能從容面對，自在把握。從這個意義上說，念死正是為了鞭策我們積極修法，使之成為改造生命的轉捩點。

在這個世間，多數人的生活無非是謀求生計，進而追逐名利、沉溺享樂。且不說追求過程中的不斷掙扎和身心付出，即使最後獲得成功，又為人生增添了什麼呢？不過是一時的滿足，暫時的意義。當死亡來臨，這一切能使我們無憾地告慰此生，欣然地視死如歸嗎？

有生則必有死，就像陽光下甩不掉的影子，沒有人能僥倖逃脫。它的可怕之處還在於，死是一定的，死期卻是不定的。有的剛出生就意外夭亡，有的百年後才壽終正寢，有的病魔纏身而死，也有的突遭橫禍離世……誰也不能保證明天一定活著。即使我們這些今天還健康活潑的人，一口氣不來，轉息便是來生。死亡，是行蹤不定的幽靈，不知何時就將我們逮個正著。

誰也無法預料，今生可以蹉跎的時間還有多少，或許是幾十年後，或許就在明年乃至明天，便措手不及地失去唯一可以自主的機會。甚至來不及嘆息，就被淘汰出局，這個無價的暇滿人身，也隨之過期作廢。世間還有什麼損失比這更讓人痛心疾首的呢？

當死亡來臨，地位無法拯救我們，財富不能幫助我們，親人無力挽留我們。大千世界，茫茫宇宙，有什麼能給我們以勇氣，使我們無畏地直面死亡，自在地超越生死？從生命發展而言，唯有佛法才具有永久、真實的意義。此外的一切，皆是夢幻泡影。其實，不必等到死之將至，老人們回憶起青春往事，又何嘗不感慨人生如夢，世事虛幻，了無痕跡？

所以說，念死能使我們看清自身在輪迴中的險境，認識佛法對於生命的意義，生起尋求救護之心，就像落水者期待強者施予援手那樣迫切。這一前提非常重要。試想，落水者面臨滅頂之災時，還可能思緒紛飛、雜念叢生嗎？如果有幸在此時遇到救援者，又有誰不拚死抓住、絕不放手呢？從某種意義上說，一天不思惟死亡，這天就很可能空過。因為我們會在不經意間回到習氣中，被串習左右。習慣有著巨大的力量，必須以念死這般猛利的手段加以對治。

念死無常，彷彿警世的鐘聲，振聾發聵。每一聲都在提醒我們珍惜現有的每分每秒，用來完成今生最重要的使命，就像臨終者珍惜所剩無多的時光，不敢稍有懈怠。所以，念死不僅對修習皈依，同時對未來的一切修行都有著重要意義。

3．念三惡道苦

死亡為什麼可怕？固然是因為我們放不下對世間的執著，但更重要的，是因為我們不知死後去向何方。修行者所以能笑對生死，正是因為他們對前途瞭若指掌，能隨自身願力作出抉擇，或往生極樂，花開見佛；或倒駕慈航，乘願再來。而凡夫卻無法主宰這一切，唯有隨業風飄蕩，沉淪苦海。

佛法告訴我們，有情在天、人、阿修羅、畜生、餓鬼、地獄六道輪轉不息。其中，三惡道處境的苦痛和慘烈，令人不忍聽聞，何況親歷。佛陀之所以反覆述說惡道痛苦，不是為了使我們怖畏恐懼，給苦難人生增加更多的沉重，更非某些人想像的，是為招徠信徒而渲染的氣氛。須知，如來是真語者、實語者、不誑語者、不異語者。他老人家要我們念三惡道苦，是本著無限悲心而說，是為了喚醒世人迷夢，告誡這些處於火宅而不自知的人們，使其從沉淪中醒來，設法逃離。

應當看清，三惡道離我們並不遙遠。事實上，那僅是一息之遙。當這口氣不來時，我們有把握不墮落嗎？我們不妨反省一下，當下能否把握心念？如果現在無力把握，臨終一搏又有幾分勝算？又怎麼面對種種業力乃至逆緣的考驗？在那條危機四伏、險象環生的中陰路上，沒有訓練有素的心作為保障，就像懸崖邊的盲人，稍有不慎，便會失足跌入深淵，於惡道長劫受苦。

那麼，如何才能避免惡道之苦，拯救自他一切有情於輪迴呢？唯有皈依三寶，如法修行，乃得究竟解脫。所以說，時常憶念三惡道之苦，是生起猛利皈依心的重要因緣。

4・深信唯有三寶能救度

皈依，是為了尋求生命的究竟依賴。這個世間，人人在以各種方式安身立命，總想抓住些什麼才覺得踏實。或依賴財富，將錢財作為保障；或依賴地位，將地位視為靠山；或依賴家庭，將親人當作港灣。感覺什麼最可靠，便會皈依什麼，但這些終歸是不究竟的。因為外在一切皆處於無常變化中，本身便不穩定，如何能為我們提供堅實的保障？就像救命稻草，抓在手中那一刻，不過是抓住了一個即將破滅的幻覺。

「積聚皆銷散，崇高必墮落。合會終別離，有命咸歸死。」什麼是我們能依賴的？家庭難免出現變故，地位無法永遠保有，金錢隨時會更換主人。尤其是今天這個世界，看似有很多機遇，其實卻使一切充滿著不穩定。這也正是現代人普遍缺乏安全感的原因所在。從物質條件來說，我們享用的遠比古人更為豐富，為什麼內心深處仍然惶惑，仍有著無法排遣的不安？常常是，擁有得越多，害怕失去的感覺也越強烈。

時常有人問我：幸福是什麼？在我看來，世人所謂的幸福，無非是一種不穩定的感覺。因為那種幸福來自世界和能感受的心，但那又是怎樣的世界和心呢？外在世界是日新月異的，內在心靈是四處攀緣的。以無常的環境和內心為基礎，得來的幸福怎麼可能穩定、堅實呢？可見，世間一切都無法作為真正的皈依處，無法究竟解決生命的終極問題。

那麼，三寶的究竟又體現在哪些方面？關於這個問題，可從實、德、能三方面分析。

首先是真實，佛陀並非來無影去無蹤的神仙，而是實有其人。兩千多年前，佛陀出生於藍毗尼（今尼泊爾境內），其父為淨飯王，其母為摩耶夫人。他出家成道後，遊化四方，足跡所到，留下許多至今為人瞻仰的聖地。佛陀，意為覺悟者，由證悟宇宙人生的實相而成就。他所施設的教法，能引導一切眾生斷除無明，走向解脫。千百年來，無數高僧大德正是依佛法斷惑證真。所以說，佛陀是真實不虛的人天導師。

其次是德行圓滿。佛陀具備斷德、智德和悲德。斷德，即斷除一切煩惱，不再有任何缺陷，不再起絲毫貪嗔。我們翻開佛陀的傳記，從未有過佛陀嗔怒的記載，更不會像某些神靈那樣怒降洪水。智德，即成就一切智慧，主要包括兩類：一是證悟宇宙人生真相的智慧，為如所有智；一是了知緣起差別的智慧，為盡所有智。悲德，即圓滿大慈大悲。悲憫之心人皆有之，並非佛陀獨有。但我們的悲心狹隘而渺小，是被自我處理過的、充滿不平等的悲憫心。而佛陀已超越我執，乃能平等一如，開發無限悲心。

第三，佛陀具有度化眾生的能力，值得我們信賴，也值得一切眾生依怙。這種能力來自圓滿的德行。斷德圓滿，故能指導眾生息滅煩惱，斷除妄想；智德圓滿，故能按眾生種種根機施設教法，分門別類地予以教化；悲德圓滿，故能感知眾生苦難而發心救度，沒有附加條件，超越親疏分別。

實、德、能是選擇信仰的判斷標準。試想，若不幸發現信仰對象並非真實，且不說內心失落，所耗時光又怎能從頭再來？再者，若其德行尚未圓滿，我們又如何因這一信仰昇華內心、改善生命？此外，還須具備引導眾生認識生命真相的教化能力。

皈依不僅是外在的，更深層意義在於，通過皈依改善自身心行。正確的皈依之因，才能引發真實無偽的皈依；迫切的皈依之心，才能奠定堅實穩固的修行基礎。否則，即使履行了皈依儀式，也很難對生命改善起到多大作用。

三、認識三寶

每個生命的內在，本來具足三寶的一切品質。換言之，在心靈的某個層面，我們與十方諸佛無二無別。皈依的根本，正是通過修學開啟這一寶藏。因此，我們必須認識到三寶具備的內涵。唯有對這些特徵了然於胸，才能準確無誤地於自身挖掘並成就。

1．何為三寶

首先，應該了解三寶的名稱。佛，梵語為布達，乃覺悟之義，自覺、覺他、覺行圓滿；法，梵語為達瑪，包括佛陀所證和所說之法；僧，梵語為僧伽，指獻身於佛法的實踐者和弘揚者，包括聲聞、緣覺、菩薩。宣稱三皈，梵音為「南無布達耶，南無達瑪耶，南無僧伽耶」，漢譯為「皈依佛，皈依法，皈依僧」。

其次，應該了解三寶的內涵。佛陀為覺者，所以成佛乃智慧的圓滿成就。佛法修行的最高成就是「阿耨多羅三藐三菩提」，意為「無上正等正覺」，也就是至高無上、徹底圓滿的覺悟。佛陀十大名號之一的「正遍知」，就顯示了覺性蘊含的遍知功用。

生命本來具足自覺的力量，這種自覺是相對於不覺而言。凡夫的不覺源自無始無明，因而才有執著和煩惱，輪迴和生死。一旦開發生命中自覺的力量，就能超越無明長夜。須知，覺悟和解脫是一體的，自覺的當下便具有解脫能力。所以解脫並非遙不可及，更不必等到死後，因為它是生命本自具足的。只待我們開發這一能力並安住其中，當下就能衝破藩籬，得大自在。佛陀，正是因為體證這種能力而圓成佛道。

在佛陀成就的斷德、智德和悲德中，都不曾離開「覺」。佛陀，意為覺者，所以覺悟是佛陀品質的核心。其中，智德是覺悟的體現，亦為契入空性的妙用。斷德也因覺悟而有，因覺悟而能化解煩惱習氣。悲德同樣沒有離覺悟的作用，在究竟意義上，悲和智是不二的。佛陀成就無限慈悲，故應化於世，演說種種法要，度化一切眾生，而有佛法在世間的流傳。

諸佛世尊遍於十方世界，而與我們娑婆世界最有緣的，便是釋迦佛，故名「本師釋迦牟尼佛」。論及三寶，雖是以釋迦佛為主，但必須了解，佛還泛指十方三世一切諸佛。十方是空間概念，包括東、西、南、北、東南、東北、西南、西北和上、下；三世則是時間概念，包括過去、現在和未來。總之，盡虛空、遍法界十方三世一切諸佛，都是我們皈依的對象。

法，其概念非常廣泛，世間所有一切皆可以稱之為法，也無一不在法的範疇內。這裡所說的，特指佛陀演說的覺悟教法。對於佛法，我們需要從幾個方面來認識。

一是從能詮的言教。詮為詮顯經典的文句，以能顯義理，故名能詮，主要表現為三藏十二部典籍。三藏分別是經藏、律藏和論藏。經藏，梵音修多羅。藏有蘊含之義，貫穿佛法不令散失。律藏，梵音毗奈耶，滅諸過失，止惡修善，調伏諸根，如法律般決斷罪之輕重，是佛弟子的行為準則。論藏，梵音阿毗達磨，抉擇辨別一切法義，為諸大菩薩、歷代祖師對佛法的領悟和詮釋。十二部則指一切經教的內容分類，分別是長行、重頌、孤起、因緣、本事、本生、未曾有、譬喻、論議、無問自說、方廣和授記。

二是從所詮的義理，分為教法和證法兩大部分。教法包括五蘊、十二處、十八界、無常、苦、空、無我、二諦、三性、緣起性空等一切無漏善法，教化眾生，破除無明。證法則是引導我們走向解脫的實修法門，如戒定慧、三十七道品、六度四攝等。換言之，修行包括理論和行持兩大部分，教法偏重理論，引導我們了解生命真相；證法偏重行持，即調整心行的技術，幫助我們改善生命現狀，證悟諸法實相，成就佛菩薩那樣的良好品質。佛經中，將眾生本具的覺性比喻為貧女寶藏，守著寶藏卻無力開發，只能乞討為生。其實，我們的現狀就是如此，雖然具有如來智慧德相，卻流轉生死，不得自在。修學，不僅要通過法的指引認識寶藏，更要學習開發寶藏的具體方法。

僧伽是和合義，所以一人不能稱僧，須四人以上方可。就像一棵樹不可稱林，須成片方能成為樹林。僧團是清淨和合的團體，佛法在世間的流傳，便依靠這一團體荷擔。所以僧伽是佛陀的追隨者，正法的住持者，修行的實踐者，同時也是眾生的指導者。儘管佛陀已經入滅，但有如法清淨的僧團，佛法仍能燈燈相續，傳承兩千多年。

僧伽有賢聖僧和凡夫僧之分。賢聖僧的範圍十分廣泛，包括十地菩薩、四果四向等。其中又有聲聞僧和菩薩僧之分，聲聞所有聖者和一切未成佛的菩薩皆屬於僧的範疇，如觀音菩薩、文殊菩薩、大勢至菩薩等。凡夫僧則包括一切現出家僧相而尚未證果、見道者。

那麼，為何將佛、法、僧稱之為「寶」呢？《究竟一乘寶性論》中，特別就這一問題作了說明：三寶所以為「寶」，有六層含義。

一為稀有難得。在這個世間，真正能開啟這一寶藏者寥寥無幾。儘管人人都具有三寶品質，卻深藏不露，雖有若無，無法對改善生命起到任何作用。

二為清淨。三寶品質乃遠離一切的無垢法。三寶有形式和實質的區別，《寶性論》所指為後者，即三寶內在的覺悟、解脫等品質，是無垢且無漏的。

三為勢力。三寶具有強大的力量，可化解一切煩惱和執著。當生命內在的三寶品質發生作用時，煩惱當下瓦解，就像雪花落入火爐，立刻消融得無影無蹤。

四為莊嚴。一者，三寶能淨化心靈煩惱。世間垢淨隨人心垢淨而顯現，因為內心充滿煩惱，所以世界就成了五濁惡世。淨化世間不僅要清理環境，更要依三寶力量淨化內心。再者，三寶品質蘊含無盡功德，十方諸佛國土的清淨莊嚴，正是依佛菩薩的清淨心顯現的。

五為最勝。包括兩方面：其一，三寶品質清淨無漏，極為殊勝；其二，擁有化解一切煩惱的能力。

六為不變。在有為有漏的世間，充滿變化和不穩定。反觀內心，所呈現的也無非是錯誤的想法和混亂的情緒，所以凡夫生命是混亂不安、漂泊無定的綜合體。但在多變的層面下，心還具有不變的層面，那正是內在的三寶品質，遍知一切，悲願無盡。

因為具備這六重內涵，所以才稱之為「寶」。形式上的三寶，如佛像、經書、僧團，甚至包括如來的色身等，雖然也都是「寶」，終究還不圓滿，不是究竟意義上的「寶」。

我們皈依三寶，必須了解其殊勝處究竟何在，如此，才能對三寶生起決定的信心。而這種信，正是入門之鑰。若不能生起決定信解，心就會徘徊於凡夫串習中，掙扎於想法、情緒中，學佛自然難有進展。

2・三寶的種類

通常所說的三寶，多指住持三寶。所謂住持，即傳承並弘揚佛法，使其在世間薪火相傳。其中，以佛像為佛寶，經書為法寶，現前僧團為僧寶。佛陀滅度後，佛法主要依住持三寶得以流傳。須知，住持三寶雖不是究竟意義上的三寶，但如果沒有他們「焰續佛燈明，住持正法城」，眾生便無緣聽聞佛法，踏上修行之路。所以，住持三寶是佛法流傳的重要載體。

其次為化相三寶，即三寶在世間的化現。其中，以應化於世、八相成道的釋迦牟尼佛為佛寶；以佛陀宣說的四諦、十二因緣等義理為法寶；以佛陀在世間度化的僧伽為僧寶。化相三寶體現了佛陀教化眾生的相狀，代表著三寶在世間的出現，標誌著佛法在娑婆世界的發源。我們今天能夠修學佛法，便淵源於化相三寶。

第三為理體三寶，即究竟意義上的三寶。其中，佛是覺悟，其品質為無限的慈悲和智慧。法是空性，一切經教和修行法門最終是為了幫助我們證悟空性，所以法的核心為空性而非經教。僧是指賢聖僧的品質，即無漏智慧和解脫。理體三寶乃三寶所以為「寶」的真正原因。

第四為一體三寶。三寶雖然內容有三，但就本質而言卻是一體的。佛的實質是覺性，法的實質是空性，僧的實質是和諧。所謂和諧，在事相上指六和，在理體上指生命內在本具的高度和諧，即覺性與空性不二。就不同側重而言，三寶雖有覺性、慈悲、空性、解脫等區別，但這些要素是不二的，所謂明空不二、空悲不二、覺性與解脫不二。從究竟意義而言，沒有離開覺性的空性，也沒有離開覺性的慈悲，更沒有離開覺性的解脫。之所以分開說明，只是因為這些品質需要在修行過程中分別培養。

比如成就慈悲就要發菩提心，否則，即使見性也難以圓證空性，成就大悲。就像聲聞人也證悟空性，卻灰身泯智，趣向寂滅。

第五為自性三寶。從本質上，自性三寶與理體三寶、一體三寶是無別的。所不同的，是就凡夫眾生而言。認識到自己在生命某個層面具有佛菩薩那樣的品質，無疑會給眾生提供極大的修行信心。關於自性三寶的內容，正如《六祖壇經》所言：「佛者，覺也；法者，正也；僧者，淨也。自心皈依覺，邪迷不生，少欲知足，能離財色，名兩足尊。自心皈依正，念念無邪見，以無邪見故，即無人我貢高貪愛執著，名離欲尊。自心皈依淨，一切塵勞愛欲境界，自性皆不染著，名眾中尊。若修此行，是自皈依。」可見，一切眾生無不具備自性三寶，只待我們開發顯現。

3・內在三寶與外在三寶

雖然三寶有住持三寶、化相三寶、理體三寶、一體三寶和自性三寶的分別，但這些分別是幫助我們從不同層面深入認識三寶，不可將其割裂開來，亦不可稍有偏廢。

通常，學佛者往往偏重住持三寶，執著佛像、經書和現前僧團的師父，反而忘卻了，皈依住持三寶是為了通達理體三寶和自性三寶。如果僅僅停留於住持三寶，這種皈依必然是流於表面的，不得真實力用。而某些「禪宗行者」則容易走向另一個極端，以為「自己本來是佛，何必聽聞經教，皈依外在三寶」。須知，自性三寶雖然存在於生命的某個層面，但要通過相應的修行才能體證。就像深埋地底的礦藏，不經過勘測和挖掘，將一如既往地長眠地層深處，乃至億萬年，絲毫不能發揮作用。因此，必須皈依住持三寶，通過聞、思、修開發內在的自性三寶。

其實，生命內在的三寶與外在三寶本來是一體的，只因我法二執將其分開。無論是排斥外在三寶，還是執著外在三寶，都將成為開發內在三寶的障礙。一旦破除我法二執，便不存在內外之別了。

修行的成就，很大程度上取決於我們對三寶的認識有多深。有一分認識，修行便只有一分成就；有十分認識，修行才會有圓滿成就。就像開採礦藏，若只勘測到局部內容，即使將此局部完全開發出來，終歸是有限的。唯有發現全部寶藏的所在，才能完整地開發它、使用它，無一遺漏。更重要的是，這一寶藏不僅能利益我們自己，還能利益千千萬萬的眾生，為世間帶來光明。所以，真切認識三寶內涵，是修習皈依的重要前提。

四、如何皈依

在座的多數都已皈依，但我們的皈依是否如法呢？目前，教界有很多不如法的皈依現象，有些甚至簡化到發個皈依證而已。求受皈依者，往往既不了解皈依意義，亦不懂得相關注意事項，更不知皈依後如何深入修學。

如何通過相關儀式獲得皈依體？其間又有哪些環節需要特別注意？若不能獲得皈依體，所謂的皈依不過種種善根而已，於修學並無多少實際幫助。

1・生起皈依之心

皈依，體現於對三寶完全的依賴、信服和追隨，唯有這樣，才能由此因緣步入佛法修行。這一認知源自對輪迴苦和三寶功德的認識，是皈依的根本所在。

近年來，隨著各地寺院的陸續恢復，佛教徒的數量也日益增加。但其中有多少是發心求解脫、度眾生的呢？更多的，或是對佛教有朦朧的好感，或是尋找精神慰藉，或是祈求平安護佑，甚至還潛藏著某些投機心理，以為和佛菩薩拉上關係就可以為所欲為，不受懲罰，等等。這些皈依之因，是多數人走入佛門的因緣。如果停留於此，皈依能起到的作用將大打折扣。如何在此基礎上加深對皈依之因的認識，是修學的當務之急。否則，即使皈依了，也往往流於形式。

不少人皈依後，也願意參加各類佛教活動，也喜歡寺院的清淨氛圍，也認同佛法的種種道理。但這種喜歡和認同都不夠強烈，更不是唯一的。因為他們同時還喜歡紅塵的繁華，認同世俗的標準。於是乎，過著有宗教情懷的世俗生活，並以此為樂。當然，懂得些佛法道理並運用於生活，總能起到相應的調心效果，而佛法本身也不排斥世間法。但我們必須清醒地認識到，二者孰輕孰重，其中又以什麼為究竟、唯一的皈依處。

發誓皈依三寶的前提在於，通過憶念輪迴苦和三寶功德，對三寶具足極大的信心。如果沒有將三寶視為唯一的救怙者，就需要重新審視皈依之因，並通過如理思惟來強化。

皈依，是以至誠懇切之心，發自肺腑地宣誓：我從此皈依三寶，以佛為皈依大師，法為正所皈依，僧為皈依助伴。對於修學者而言，三者缺一不可。就像病人為治療而遍訪名醫，然後確定一位醫生作為主治大夫，根據他所開的藥方接受治療。在此過程中，還需有人看護，引導我們按時吃藥，配合治療。皈依過程也與此相仿：佛為救治我們的醫王，法為對治疾病的藥物，僧為指導修行的師長。

唯有對三寶生起真切皈依之心，我們才能走出自我中心的狀態。生命是一大堆混亂情緒和錯誤觀念的綜合體，其中又以無明、我執為核心。無明為惑業之源，我執為煩惱之根，如果想從這種生命狀態中解脫出來，其難度遠勝於擺脫地球引力。唯有對三寶生起決定信解，將生命軸心由自我轉變為三寶，方能進入全新的生命軌道，就像火箭推動飛船進入太空。所以說，皈依心是提升生命素質的強勁動力。

2．依法傳授皈依

皈依，應該通過如法的儀軌進行，主要包括以下幾個方面：

首先是懺悔，懺除我們無始以來造作的無量罪業。懺悔得清淨，懺悔得安樂。清淨無染的心，才能如法納受皈依體。念誦內容為：「往昔所造諸惡業，皆由無始貪嗔痴。從身語意之所生，一切我今皆懺悔。」

其次是發願。作為大乘學佛者，應以四弘誓願作為盡未來際的生命目標，那就是：「眾生無邊誓願度，煩惱無盡誓願斷，法門無量誓願學，佛道無上誓願成。」

無論懺悔還是發願，重點不在於念誦四句偈，而是發自內心地生起懺悔之心，進而生起利益眾生的願望，以此作為未來的行為準則，於惡業不復再造，於善業勤加修習。如果有口無心地念一念，效果也就可想而知了。

然後是正式皈依，這也是整個儀式的關鍵部分。皈依的核心，乃宣誓「皈依佛，皈依法，皈依僧」。完整內容是：

盡形壽皈依佛，如來至尊等正覺為我所尊，
終不皈依邪魔外道。
盡形壽皈依法，三藏十二部典籍為我所尊，
終不皈依外道典籍。
盡形壽皈依僧，清淨僧團為我所尊，
終不皈依外道邪眾。

「盡形壽」為盡此一生之意。皈依，不是一時興起的戲言，而是終其一生的莊嚴承諾，是貫穿未來生命的恆久誓言。但「盡形壽」只是聲聞乘的皈依，作為大乘行者，還要發願盡未來際地皈依三寶，即「直至菩提永皈依」。「為我所尊」，是以此作為自己的皈依對象。此外，皈依還包含著不皈依，即「終不皈依」的內容。因為皈依是選擇人生的究竟歸宿，不可處處掛靠，三心二意。

這三句話，是皈依儀式的關鍵所在。如果皈依時未曾聽清，便不得皈依體。不僅如此，皈依時還應清楚地自稱法名，準確地跟隨法師宣誓以上內容。最後，念誦「皈依佛竟、皈依法竟、皈依僧竟」，以迴向作為結束。

皈依儀軌大體分為這四部分，其中，關鍵是宣誓「三皈依」。我們不妨對照一下，受皈依時，是否聽清法師宣講的三皈內容？如果只是懵懵懂懂參加了皈依儀式，對三皈內容沒有明確認識，是需要重新皈依的。

3．菩提信物

皈依師，是弟子皈依三寶的見證，更是佛法傳承的紐帶。經由莊嚴如法的皈依儀式，將諸佛世尊點燃的智慧火炬傳遞下去。為了銘記皈依後的新生，引導學人走入佛門後深入修學，皈依師在授予弟子法名和皈依證的同時，還應授予表法的法本和念珠。

法名，意味著身分的改變。無始以來，凡夫以我執為核心，惑業為基礎，輾轉輪迴，生死相續。皈依，是與原有生命狀態徹底決裂，開啟以三寶為中心的全新人生道路。從這個意義上說，佛子的年齡應從皈依那天算起。在經歷這番重生後，我們才開始自覺而有意義的人生。法名雖然只是代號，但其中往往蘊含表法的深意，象徵佛法的修行，以此策勵弟子：作為解脫道和菩提道的行者，應該勤修戒定慧、息滅貪嗔痴，勇往直前地奔向彼岸。同時也是為了提醒學人：過去種種已如昨日死，在新的修行征途中，應棄暗投明，切莫為往昔習氣羈絆，重蹈覆轍。

皈依證，標誌著十方三寶對這一新生的證明和認可。這是我們成為三寶弟子的象徵，也是通往佛國淨土的護照。在我們設計的《皈依證》封面上，以蓮花般相合的雙手為標記，環繞「皈依佛、皈依法、皈依僧」的誓言，寓意佛弟子對三寶的至誠歸投之心和虔誠恭敬之行。封底印有大乘皈敬頌：「諸佛正法賢聖僧，直至菩提永皈依，我以所修諸善根，為利有情願成佛。」以此勉勵弟子們發廣大心，修菩薩行，盡未來際利益眾生。

內頁除常規內容外，特別註明：「從今以後，應遵三寶教誡，斷惡修善，發四弘誓願，自覺覺他，盡未來際，永不退轉。謹依律制如法授受三皈，成為三寶弟子，特發此證為憑。」標明了皈依意義及皈依證的作用。此外，還編入皈依儀軌及五法具足、常行六念等佛子基本行儀，並介紹了一些入門讀誦典籍。其後，還為持證者預留了書寫參學紀錄的空白頁，祝福弟子們在修學道路上留下穩步前進的足跡。每一頁，更有經言祖語作為警示，以為勉勵。

念珠，象徵著佛法的傳承。皈依是為了獲得由諸佛一脈相承的皈依體，這是佛法最殊勝的傳承。通常，人們只是將念珠作為念誦佛菩薩聖號或持咒時的計數工具，事實上，其意義遠不止於此。念珠中，珠母象徵佛，珠繩象徵法，每粒小珠則象徵僧，缺一便不能組成完整的念珠，象徵三寶的不可分離。由菩提子組成的念珠，更寓意菩提道的修學，提醒我們發菩提心，行菩薩行，圓滿無上菩提。因而，師長所授念珠應當隨身攜帶，象徵時時不離三寶。這一方面是為了表達我們對三寶的感恩之心，但更重要的，是提醒我們精進修學，實踐這一傳承中的內涵，使菩提種子茁壯成長，開花結果。

法本，能幫助我們全面認識皈依的意義，深入了解皈依後的修學內容，是成就法身慧命的指南。雖然我們本來具足佛性，但現有的心行基礎仍是凡夫心。這些剛強難調的煩惱習氣，絕非一朝一夕就能根除。所以，皈依後還需要學習對治凡夫心的訣竅，掌握開發自身寶藏的技術。這些訣竅和技術都含藏於法本中，特別是《皈依修學手冊》的相關內容，是一切修行繞不開的基礎，必須深入學習，如理思惟，初學者尤應引起重視。對三寶的決定信心，是未來修行的堅實基礎。具備這一前提，修行才能穩步前進。

4．注意事項

我們還要注意的是，三寶是一體的。有些人會說：我只想皈依佛，卻不想皈依法和皈依僧。這樣可以嗎？答案是否定的。當然，對佛陀產生信仰而發心皈依，也會起到相應的效果；恐懼或顛倒妄想時念念佛，也能使我們遠離怖畏。但如果想解脫生死，必須依靠佛法。只有學習法義之後，才能深刻認識到佛陀所代表的深廣內涵。若只皈依佛而不依教奉行，就像病人雖然相信醫生，卻不肯吃藥治療，醫生是無能為力的。

也有些人覺得：佛法的道理很好，但我只想皈依法，學習法，卻不想皈依佛和僧伽。這同樣是不行的。如果對法的信仰非常徹底，必定會皈依佛寶和僧寶。不皈依佛，不皈依僧，只能說明我們對法的信任程度有限，如此，便不可能全身心地依法修行，自然收效甚微。

還有些人願意皈依佛和法，卻不願皈依僧，這類二寶居士有不少。須知，皈依僧並非皈依某人，而是皈依整個僧團，尤其是賢聖僧具備的清淨無漏的品質，這才是究竟皈依處，也是皈依佛和法所要達到的目的。若不能對此生起猛利信心，又如何於自身成就這一品質？同時，修行必須親近善知識。雖然皈依僧不是皈依某個人，但落實到修行實踐，仍須親近具體的、一位或幾位善知識，否則便不能聽聞正法，如理思惟，法隨法行。

此外，皈依時應該發心並觀想。皈依的發心有上、中、下三等。上等發心是為利益一切眾生而皈依，中等發心是為個人解脫而皈依，下等發心是為眼前的平安如意而皈依。相應的，皈依體也分上、中、下三等。發上等心皈依，才能得上等皈依體，依此類推。

皈依體，由三世諸佛、歷代祖師代代傳承而來。全身心地皈依三寶，便意味著我們得到了由諸佛沿襲至今的傳承。我們以怎樣的心接受，便會成就怎樣的皈依體。就像以器皿盛水，器皿有多大，裝的水就有多少。茶杯只裝下一杯水，臉盆能裝下一盆水，如果像虛空那麼廣大，就能容納五湖四海、無量無邊的水。所以，我們應該打開心量，以菩提心為載體，納受上等的皈依體。更重要的是，觀想六道一切眾生和我們共同皈依，共同領受三寶的慈悲加持。這樣的皈依，才是最為殊勝的。

需要注意的是，皈依時還應自稱法名。開始宣誓之前，根據法師的提示，自稱「弟子某某」，然後才是「盡形壽皈依佛，如來至尊等正覺為我所尊……」等內容，明確這一內容是由「我」在宣誓並承諾。

以上是皈依注意事項，一一做到，方能如法皈依。良好的開始是成功的一半，皈依為學佛之始，對今後修行具有舉足輕重的影響，故應認真對待。

皈依是選擇人生的究竟依賴。身為三寶弟子，不應再以其他宗教為皈依對象。在選擇皈依的過程中，我們已通過實、德、能作了全面考察，確定唯有三寶堪為依止。一旦作出這樣的抉擇，應以佛法僧為唯一皈依處，絕不皈依其他宗教或鬼神。否則將破失皈依體，修行自然無望。如此，損失最大的還是自己，不僅蹉跎了今生時光，更為來生種下遠離佛法之因。

五、皈依的正行

皈依三寶貫穿著成佛的整個修行。當我們通過皈依儀式成為佛子後，又該如何進一步修學呢？《瑜伽師地論》告訴我們，皈依後應行四法行，即「親近善知識，聽聞正法，如理作意，法隨法行」。通過這些修習，才能完成皈依的究竟意義。

1．親近善知識

皈依，雖是歸投十方三世一切佛寶、法寶、僧寶，但在修行實踐中，還要落實於具體的善知識。皈依之後，應選擇如法生活，具備佛子威儀，了知戒律的開遮持犯；還應具足正見，深信因果，進而契入空性，解除迷惑，打開生命寶藏。這一切，皆有賴於師長的悉心指點。

佛陀在戒律中規定，新出家弟子必須「五年學戒，不離依止」。可見，善知識是培養僧格的有力保障。就像嬰兒需要父母呵護養育一樣，新出家或剛皈依的佛弟子，必須由善知識悉心指點，方能羽翼豐滿，健康成長。對於在家佛子來說，雖無條件常隨善知識左右，但也應該確定一位堪能依止的師長，時時請益。

而具足正見乃至契入空性，更需要善知識的耳提面命。佛法博大精深，尤其是止觀部分，包含極為微妙的行持，若無明眼人指點迷津，學人很難於錯綜複雜的心行中找到突破口，甚至失之毫釐而差之千里。凡夫心充斥著無數飄忽不定的想法，我們每天徘徊其中，被種種情緒左右而不得安寧。

如何令狂心頓歇？如何開發生命潛在的巨大力量？必須藉助止觀。若將止觀比作開發生命寶藏的技術，那麼竅訣就掌握在善知識手中。或許有人會說，難道不能在佛經中尋求答案嗎？須知，凡夫的認識是有限而充滿錯覺的，會障礙我們對佛法的理解。更何況，佛法是有傳承的，尤其修證層面，無法在經教中完全表達。那些無法言傳的部分，必須靠善知識應機設教，方便化導，才能使我們將教法落實於心行。

那麼，怎樣才是堪為眾生依止的善知識呢？這是目前很多學佛者存在的困惑。因為善知識不會貼著標籤，不會標榜「我是善知識」，這就需要我們去發現、辨別和抉擇。

經論中為我們提供了許多選擇善知識的標準。《大乘莊嚴經論》中列有十種：一、具足戒，二、具足定，三、具足慧，四、德勝於己，五、精進，六、通達教理（教富饒），七、通達真實，八、說法善巧，九、具足悲憫，十、斷除疲厭。

若是嚴格按照這十個標準衡量的話，確實存在難度。佛法難聞，善知識難遇，沒有足夠的福德因緣，很難值遇具足德相的善知識。那該怎麼辨呢？在此，我給大家提供一個簡單標準，即作為善知識必須具備的三點基本素養。換言之，是作為善知識的底線。如果這些素養尚未具備，對我們的修學很難有什麼幫助，甚至會產生負面影響。因此，這三點必須牢牢記住。

第一是具足戒行。佛法修行乃由戒生定，由定發慧。故戒律為修行基礎，具足戒行，才堪為人天導師，眾生依怙。佛陀將滅度前，諄諄告誡弟子們「以戒為師」，充分說明了戒律對修行的重要性。

第二是具足正見。這是善知識標準中最核心的一點，甚至比戒律更重要。如果知見存在問題，就不可能將我們導向解脫。佛教和其他宗教的根本區別，主要也體現於見地。戒、定、慧是佛法修行的必經之路，但僅憑持戒或修定很難作出判斷。以戒而言，許多外道甚至邪教也有一套非常嚴格的戒律；

以定而言，四禪八定也不是佛教特有的修行。外道之所以不能解脫，就是因為知見有誤。從這個意義上說，破見甚至比破戒更嚴重。所以，正見是佛法與一切宗教的不共所在，一旦破見，自斷善根。

第三是具足悲心。唯有具足攝受眾生的悲心，才能給弟子無微不至的指點。如果師長閉門獨修、入山惟恐不深，即使具備前兩個條件，弟子也無緣追隨左右，聆聽法益。

當我們值遇善知識時，又如何親近並獲得教授呢？若不善於依止，即使相遇，也可能錯失良機。反之，若能與善知識結下殊勝的法緣，生生世世都會得其攝受。關於親近善知識，佛典中談到這樣幾點要求：

首先是淨信為本。對於自己親近的善知識必須具足信心，觀德莫觀失，切勿依個人情緒及立場隨意評判。凡夫心是染汙的，以這樣的心觀察世界，所見自然難以清淨。若不善於發現善知識的功德，很可能會順著凡夫習氣尋其過失。如此，便無法對依止師生起淨信和恭敬心。相應的，善知識所授教法也就無法對我們產生應有的作用。所以，有些論典特別強調「視師如佛」，因為我們不會對佛陀生起尋過之心。「視師如佛」的重點，不在於師長是否具備與佛陀無二無別的功德，而在於這種淨信對修學有莫大幫助。

其次是念恩生敬。在無盡生死中，我們所以能聽聞佛法，種下善根，不曾離開善知識的教導之恩。不僅是今生的善知識，還包括過去生的善知識。若無善知識攜手引領，我們可能仍在三惡道沉淪。所以，應該時常憶念善知識的恩德。

第三是加行依止。其中，身口給侍是以身口意三業供養善知識，但以依教奉行的供養最為殊勝，所謂「諸供養中，法供養最」。因為親近善知識的根本意義，是為了依照正確方法修行，直至解脫。

對於末法眾生而言，福薄障深，無緣得見諸佛顯現，親聆教法。而經典浩如煙海，即使如此，尚不能窮盡佛法全部，是謂「書不盡言，言不盡意」。如果沒有善知識的引領，如何於一望無際的佛法海洋中找到方向？這正是許多人修學多年卻不得要領的原因所在。結果佛法是佛法，自己是自己，問題還是問題。此外，僧團難免良莠不齊。儘管我們皈依的對象是一切僧寶，但不可能依止所有僧人，尤其是缺乏正見和德行者。在這樣的背景下，依止善知識顯得尤為重要。若能值遇真正的善知識，作為弟子又能具足信心，如法依止，確為修行捷徑。

2・聽聞正法

聞思經教是修行的重要環節。正如《聽聞集》所言：「多聞能知法，多聞能遠惡，多聞捨無義，多聞得涅槃。」

何為「多聞能知法」？多聞包含兩個層面，一是廣學多聞，廣泛讀誦大小乘經典；一是對同樣的內容反覆聞思。如因果之理、無我之理，必須不厭其煩地數數聽聞，將法義無一遺漏地鐫刻在心中，成為自己的觀念。多聞是積累的過程，積累到一定數量，才能轉化為摧毀錯誤觀念的力量，所謂功到自然成。凡夫心剛強難調，如果沒有量的積累，法義對我們產生的作用，往往是浮光掠影式的，即刻消隱不見。唯有以多聞不斷強化，才能使佛法在心中打下深深的烙印，起心動念皆能與法相應。

此外，多聞還能幫助我們遠離不善，是為「多聞能遠惡」。我們的生命狀態，在很大程度上取決於三觀。若是觀念錯誤，便會不斷製造問題，導致不良心態。一旦觀念調整，心行也將隨之改變。樹立正確觀念的捷徑便是聞思經教，通過觀察修端正認識，遠離不善的行為和情緒，如此，也就扭轉了人生軌跡。

第三是「多聞捨無義」。無義，即沒有意義的人生。在這個世間，多數人只是隨波逐流地生活，渾渾沌沌地度日，忙於工作、事業、家庭、兒女等，以此為生命軸心，有人不堪重負，也有人樂在其中。但以佛法的智慧觀察，這一切對於人生僅有暫時的意義，只是行將消失的泡沫而已。無論事業還是金錢，一切成敗得失僅僅是泡沫的大小，除此而外，別無意義。當然，多聞的關鍵是聽聞正法，而非世間鋪天蓋地的知識和資訊。唯有佛陀親證的智慧，才能使我們照見人生真相，看清世間本質。否則也會像世人那樣，將之當作真實來追求，耗費一生光陰。

最後是「多聞得涅槃」。涅槃是徹底息滅煩惱，體認生命實相，這也需要通過多聞乃能證悟。因為多聞能使我們獲得正見，進而契入空性，導向涅槃，證佛所證。

了解聞法意義之後，還要進一步端正態度。若將我們的心比作法器，如何將法乳盡數裝入其中並保持原有品質？需要以相應的條件為前提。《菩提道次第略論》中，為我們總結了聞法必須遠離的三種過失和應該具備的六種觀想。

關於三種過失，宗大師比喻為覆器、垢器和漏器。

其一是覆器，謂於聞法過程中心不在焉，思緒紛飛，不能將法義注入心田。這種時常處在昏沉和散亂中的心，就如倒覆的器皿，無法裝入任何東西。所以，聞法時應該攝心端坐，專心聆聽，切忌昏沉掉舉。

其二為垢器，帶著固有觀念而非清淨心聞法，對所聞法義不能如實接受，反而被原有的觀念處理和染汙，不再是純正的佛法。就像在充滿辣椒、醬油、陳醋等佐料的器皿中，即使倒入最純淨的水，也會變成辣椒、醬油的混合物，面目全非。所以，我們應該以清淨心聞法，保持所聞法義的純正性。

其三為漏器，雖然對所聞法義沒有染汙，但聞法後不加思惟、溫習，就如有漏的器皿，雖已將水完完全全地倒入其中，但很快就漏得一滴不剩。大家這幾天來此聽聞皈依教法，即使聽的時候很認真，但如果回去後不再憶念，不久就會遺忘，難以對修行產生作用。

以上是聞法時必須遠離的三種過失。此外，還應具備六種想：於己作病者想，於說法者作醫師想，於教法作藥物想，於修行作療病想，於如來作正士想，於正法生久住想。

學佛有如療病。平時，我們偶感小恙也會焦躁不安，卻很少意識到自己是貪嗔痴的重病患者。因為我們被無明所惑，就像暗夜臨深淵，看不見輪迴險境。須知，色身健康固然重要，但更重要的是心靈健康。佛菩薩時時安住於慈悲和智慧中，所以自在安詳，沒有掛礙和恐怖，也沒有顛倒和執著。反觀自身，何時不被煩惱和情緒左右？所以，我們必須正視病情。只有認識到這一點，才會積極地設法治療，並對法和法師生起恭敬心。大家來此聞法，是否認識到法師是拯救我們的醫師，認識到佛法是治療疾病的良藥？唯有具備這樣的觀念，我們才能對法生起不共的信心，從而虔誠聞思，依法修行。

那麼，哪些屬於正法，又該依怎樣的次第修學呢？在此，我為大家提供一些基礎書目。

首先，要增強對三寶的信心，樹立學佛者的基本信念，可學習《隨念三寶經》、《增一阿含經·三寶品》、《地藏經》、《普賢行願品》等。其中《隨念三寶經》、《三寶品》能幫助我們認識三寶的甚深功德，通過對三寶的了解和憶念，強化皈依之心。《地藏經》和《行願品》，分別闡述了地藏菩薩、普賢菩薩在因地修行的宏偉願力和廣大行持，這是大乘行者應該培養的信念。

其次，是學佛者必須具備的基本正見和行儀，指導我們如法地生活、持戒，相關經論有《阿毗達磨法蘊足論．學處品》、《佛說善生經》、《佛說吉祥經》、《十善業道經》等。其中，《學處品》介紹了在家居士應當了解和遵行的學處，並對五戒有詳細解說。《善生經》、《吉祥經》說明了居士應該如何待人處世，如法生活。《十善業道經》揭示了緣起因果、止惡行善的意義，指導我們簡別佛法與其他宗教在知見上的不同，為修學打下基礎。

此外，還應奠定相應的教理基礎，明確學佛的常規套路和次第，推薦書目有印順導師的《佛法概論》、《成佛之道》和宗喀巴大師的《菩提道次第略論》。其中，《佛法概論》敘述了佛法的主要內涵；《成佛之道》標明了成佛修行的基本脈絡；《菩提道次第略論》提供了由學佛到成佛的完整綱要，能幫助我們在短時間內掌握修行要領，在菩提道上穩步前進。

學佛的最終目的是為了成佛，這就必須樹立佛菩薩那樣的行願。關於此，必讀典籍為彌勒菩薩的《瑜伽師地論．菩薩地》和寂天菩薩的《入菩薩行論》，這兩部論重點介紹了菩提心和菩薩行的實踐。《菩薩地》從菩薩的發心及行果，全面闡述了菩薩道的修學內容。其中的《戒品》，漢藏兩地都曾單獨譯出，廣為流通，成為實踐菩薩行的重要準則。《入菩薩行論》在宋代已有漢譯，可惜未能引起重視。而在藏地，譯出後即為各宗共同推崇。此論由暇滿人身的重大意義開篇，詳細說明了菩提心的前行、受持及如何依六度圓滿菩提心的過程，對菩提心、菩薩行的實踐原理和方法論述得非常透徹，操作性極強。

具備行願之後，還要進一步解除煩惱，入佛知見。《辯中邊論》、《金剛經》和《六祖壇經》可為我們提供指導。《辯中邊論》是唯識宗的重要典籍，依三性建立中道見，為我們闡述了「何為中道，何為邊見」的根本問題。《金剛經》為般若系重要典籍，也是國人最為熟悉的佛經之一，主要闡述空、無相、無所得的思想，指出了菩薩行者在發菩提心、行菩薩行過程中應當具備的中觀正見。《六祖壇經》是禪宗的根本典籍，以直指人心、見性成佛的至高見地，開顯了成佛修行的捷徑。

若能按這些次第深入，逐步前進，將為修行奠定扎實的基礎。

3・如理作意

作為佛弟子來說，應該具備哪些基本觀念呢？藏傳佛教中，以思惟人身難得、念死無常、念輪迴苦和深信業果作為佛子必須具備的觀念，又稱四共加行。時常憶念這幾點，可以幫助我們擺脫凡夫心。在「皈依之因和皈依的選擇」這部分，已經介紹了前面三項內容。在此，專就「深信業果」加以說明。

業力是推動生命延續的重要力量。從某種意義上說，業創造一切，業就是一切。因為生命的存在就是業力的存在，生命的延續就是業力的延續。所謂業，是我們身口意行為留下的痕跡。對於生命的發展，佛教和其他宗教的看法不同。其他宗教往往認為生命中有作為主宰的靈魂或神我，但佛法認為，生命只是五蘊和合的假相，包含無數想法和情緒。其中，有些力量較大，有些力量較小。而這些力量又源自以往的生命積累，某些人在積累這種力量，某些人又在積累那種力量。不斷貪的人，會強化生命中貪的力量，形成以貪為主的人格；不斷嗔的人，則強化內心嗔的力量，演變為以嗔為主的人格。每種力量都代表生命的積累，並直接影響到未來人生。

怎樣衡量一個人？依職業還是頭銜？依家庭角色還是社會地位？這些外在形式是無常變化、不足為憑的。真正起決定作用的，正是我們的業力。也就是說，你做了什麼，你就是什麼。我們過去的行為決定了現在，現在的行為又決定了未來。在此過程中，並沒有特定的主宰。因此，生命具有極強的可塑性，我們賦予其什麼內涵，它就會成為什麼。

在生命洪流中，任何心念和行為皆功不唐捐。不論正面還是負面的心行，都將留下痕跡，區別只是在於力量大小。當我們生起慈悲時，是在強化生命中的慈悲；當我們生起貪心時，是在強化生命中的貪心。不同的心行，強化著不同的力量，造就了不同的人生方向。

說到業果真實不虛，不僅有外在影響，更有內在作用。很多人關注外在結果：我這樣做，將來會不會下地獄？我那樣做，將來會不會生天？我認為，從因果原理來看，外在結果並不重要，值得關注的反而是每種心行在生命中形成的力量。因為客觀結果終歸是夢幻泡影，終歸會成為過去。而內在力量若不通過懺悔來消除，將盡未來際地影響著我們，所以說，這種力量更持久，更可怕。

同時，我們要深信「業決定之理」，即每種業都將招感果報：善業招感樂果，惡業招感苦果。不僅招感未來的果報，也體現於當下的改變。善的業力，代表善的心理因素，是一種和諧的力量。當我們生起慈悲和愛心時，內心是溫馨、怡悅的，當下就會感到快樂，並能將這份快樂傳達給周圍的人；而當我們生起嗔心、嫉妒時，內心必定處於對立、衝突中，當下就會感到痛苦，並使周圍的人受到傷害。所以，善惡業招感的苦樂果報，完全是因為其心理特性決定的。

「業決定之理」還告訴我們，哪怕一絲一毫的快樂或痛苦，同樣是由善惡業力招感的，絕非偶然。佛典中說：地獄眾生在承受無邊痛苦的間隙，偶爾感到涼風吹拂，這一點點涼風帶來的快樂，都與往昔善業有關。反之，聲聞聖者所顯現的病苦和磨難，也來自曾經造作的不善業。

業的特點還在於，不作不得，作已不失。業不會憑空而有，如果我們不曾造作，任何人無法將罪業強加給我們。凡是已造作的業力，必定不會消失，不會僥倖逃脫因果規律。在這一點上，業果之理遠比法律更公平，也更準確。

此外，業還能增長廣大。相應的，也會萎縮乃至消除，關鍵看我們賦予它什麼樣的因緣。若賦予善因緣，不斷懺悔、修行，惡業便不再有生長機會，反而會逐漸消除。反之，若不斷長養煩惱，就會使惡業在肥沃的土壤中迅速生長，乃至百千萬倍地增值。就像種子長成參天大樹，衍生幾千、幾萬、幾十萬的種子。

「假使百千劫，所作業不亡。因緣會遇時，果報還自受。」關於業果之理，我們既要深信業的真實不虛，還要認識到，佛教的業力觀是無我的業力觀，所以業力也是無自性的，可以通過懺悔改變。如果不能改變的話，無始以來所造的惡業足以使我們長劫受苦，永無出頭之日。淨除業障，乃一切修行的前行，主要通過追悔力（深信業果而努力追悔）、依止力（修習皈依並發菩提心）、對治力（讀誦大乘經典和修空觀等）、遮止力（不復再造）加以對治。同時，廣泛修習善行，使生命不斷提升，生生增上。

4．法隨法行

修行是生命改造工程，需要反覆不斷地訓練。尤其對一些基礎內容，更應念茲在茲，時時不忘。此處重點介紹皈依修習、發心、五戒和四無量心。

皈依後，首先要增長對三寶的信心，使之堅定不移，寧捨生命亦不捨皈依。藏傳各宗派中，均以種種加行作為修行基礎，如念誦四皈依、大禮拜、誦金剛薩埵心咒、供曼扎等，以此強化信心，集資淨障。我覺得，這種訓練對於初學者非常必要。世間不少技能都需要從練習基本功開始，從這個意義上說，將三寶深深銘刻在心，起心動念不忘三寶，正是學佛者應該具備的基本功，這就必須通過修習皈依來完成。

修習皈依，重點在於強化對三寶的信心，這需要量的積累，所以要將之作為每日定課。具體修習可根據《皈依修習儀軌》進行，其中，「安住修」部分的「稱念三皈」應在一千遍以上。如果確實因為工作繁忙或出差不便等特殊情況，至少應以虔誠心稱念一百零八遍，不使一日空過。同時，也避免三日打魚兩日晒網的懈怠習氣。修行，需要持之以恆的決心和毅力。對於初學者，應以兩至三年的時間修習皈依，稱念三皈累計至百萬次。需要注意的是，稱念三皈不僅數量要達標，品質更不能放鬆。每次修習時，都要以正確的發心和觀察修，激發對三寶的渴求，激發虔誠求皈依之心，真正做到心口如一。

皈依修習還應結合禮佛同時進行。禮拜，不僅是對十方諸佛的恭敬和感恩，也是懺悔業障、掃除修行障礙的最佳方式，更能折服我慢，培養謙和、柔軟的佛子威儀。當我們以虔誠心禮拜時，同樣要結合觀想進行，觀想自己帶領六道一切眾生投歸三寶懷抱，包括自己的親人朋友，也包括素不相識者，更包括曾經的冤家仇敵及形形色色的動物，與他們一同禮佛，一同稱念三寶，一同感得殊勝加持。

為保障效果，皈依修習主要於座上進行。修習者可根據自身條件在佛堂陳設壇場，供養佛像、經書和供品。佛像可供奉本師釋迦牟尼佛造像，經書則可選擇《般若經》、《華嚴經》、《法華經》等大乘法寶。佛堂應營造莊嚴神聖的氛圍，每日清掃並以香、花、燈、果設供，條件不具備時，可供清水一杯，在強化皈敬心的同時，積集福德資糧。

其次是修習發心。從下士道的增上善心開始，進而修習中士道的出離心和上士道的菩提心。出離，不僅是對現世的出離，更是對輪迴的出離。依出離心修習三無漏學、三十七道品，可成就解脫道。菩提心即覺悟利他之心，更有無限、平等、無相、無所得的特徵。認識到菩提心的諸多特徵，可通過座上觀修生起願菩提心，具體法門有自他相換、七因果和十種因緣。其中，自他相換由寂天菩薩提出。七因果出自阿底峽尊者的《修心七要》，由知母、念恩、報恩、修慈、修悲、修增上意樂而至修菩提心。十種因緣出自省庵大師的《勸發菩提心文》，分別是念佛重恩、念父母恩、念師長恩、念施主恩、念眾生恩、念生死苦、尊重己靈、懺悔業障、求生淨土、為念正法得久住。當願菩提心生起後，還應通過座下實修發起行菩提心，隨分隨力地修習利他行。發菩提心的相關內容，可參照《認識菩提心》一書，其中有較為詳盡的說明。

第三，應奉行五戒十善。五戒為不殺、不盜、不邪淫、不妄語、不飲酒；十善是在五戒的前四條之後增加不兩舌、不綺語、不惡口、不貪、不嗔、不邪見。五戒十善是佛弟子基本的行為準則，雖然屬於人天乘的修行內容，但如果以菩提心來修習，同樣能成為佛道資糧。受持五戒，應該學習相關律典，了知開遮持犯。戒為三無漏學之一，依戒修行，方能成就定慧資糧。同時，止息凡夫心和生命中的不良串習，使未來獲得暇滿人身，遠離墮落惡趣之苦。

此外，還應修習慈、悲、喜、捨四無量心。慈，是與樂之心；悲，是拔苦之心；喜，是對眾生一切善行的隨喜；捨，是對眾生的平等相待。無量，是菩薩無我利他的廣大心，一是指所緣眾生無量，一是指能緣之心無量。這種無限的心行，與凡夫心存在根本差別。在初修習時，可從身邊的親人開始觀想，然後擴展到素不相識者，最後是曾經的冤家仇敵。逐步打開心量，包容一切，平等一味。

以上四點，為佛法修行的共同基礎。如果說皈依使我們走入佛門，那麼發心就為我們把握了修行方向，而五戒十善是保護我們不受煩惱傷害的行為規範，四無量心的意義則在於拓展心量，迅速積累佛道資糧。

四法行的修習環環相扣，由親近善知識而能聽聞正法，由正法指引而能如理思惟，具備正確觀念之後，才能如法修行。如此，從認識外在三寶到開發內在三寶，最終實現自身本具的三寶品質。

六、皈依的學處

修行如一人與萬人戰，稍有不慎，便會受到攻擊，乃至陷入重重包圍而落敗。在修行路上，凡夫心有如千萬個伺機而動的對手，在尋找一切入侵機會。所以，當我們獲得皈依體之後，應該全力護持，警惕所有可能使自己破失皈依的逆緣，這就必須嚴格遵循相應的學處，不得稍有違犯。

1．遮止學處

遮止，即皈依後不能做什麼。三皈誓言中的「皈依佛，終不皈依邪魔外道；皈依法，終不皈依外道典籍；皈依僧，終不皈依外道邪眾」，便是獲得皈依體後應該遮止的範疇。

遮止學處首先要求我們，皈依佛，永不皈依其他宗教或各類民間信仰。同時要認識到，皈依佛之後，也不應再以世間的感情、財物、地位為究竟歸宿。或許有人會問：難道學佛就要排斥生活的一切嗎？並非如此。皈依絕非逃避現實，更不是讓大家不再工作謀生或成立家庭，只是希望我們認識到：這一切對人生只有暫時的意義，不是真實皈依處。否則的話，眼前利益往往會像蔽目之葉般擋住我們的目光，使我們看不到事實真相，看不到廣闊世界。皈依佛，是皈依十方三世一切諸佛具有的覺悟，那是世出世間究竟圓滿的智慧。如果皈依後還心繫其他皈依處，不僅會破失皈依體，更會使我們生生世世難有因緣得遇佛法。

皈依法之後，應依教奉行，依法遵循各種戒規，遮止一切不如法的行為。對於在家居士來說，重點是奉行五戒十善，其中的每一條，都包含保護自己和不傷害他人兩方面。從佛法觀點來看，五戒也可稱為五種布施，即無畏施。奉行五戒，是斷除惱害眾生的因緣，使他人消除恐懼，故名無畏施。如果我們不殺生，別人就不必擔心被我們傷害；如果我們不偷盜，別人就不必擔心財物會被我們掠奪；如果我們不邪淫，別人就不必擔心家人和我們在一起不安全；如果我們不妄語，別人就不必擔心被我們欺騙；如果我們不飲酒，別人就不必擔心我們會失去理智。

而在十善中，尤其要注意口業的防護，如不兩舌、不惡口、不綺語，這是我們應當特別引以為鑑的。不良語業不僅會製造事端，影響大眾和合共處，更會使內心在人我是非中越陷越深。此外，十善中還增加了不貪、不嗔、不邪見。貪、嗔、邪見為根本煩惱，由此衍生一切不善業，抓住這一關鍵，其餘問題就迎刃而解了。

皈依僧之後，不再皈依任何外道或其他宗教信仰者。但遮止的意義主要在於不以其為皈依處，並不排斥在工作中與他們接觸乃至合作。

遮止學處主要包含這三個方面。當我們皈依之後，對任何不信乃至詆毀三寶的行為，絕不能隨順，寧捨生命，不捨皈依。須知，無論以什麼方式認同誹謗三寶的做法，都將立即失去皈依體。

2・奉行學處

奉行學處，是敬佛、敬法、敬僧。

首先是敬佛，包括一切泥塑木雕的佛像，皆應視為佛寶一般恭敬，切勿妄加評論。凡夫往往看到什麼都想發表高見，甚至對佛像也不例外。這個問題看來很小，其實不然。須知，當我們評論佛像時，將或多或少地影響到佛菩薩在我們心目中的形象，甚至失去對佛菩薩的恭敬心，進入染汙的凡夫心狀態。由此，將直接影響到我們對佛法的接受。

關於這個問題，阿底峽尊者處理得極為善巧。論典記載，有人攜一文殊像請尊者過目：您看這尊像到底好不好？阿底峽尊者立即將文殊像高舉頂戴，回答說：文殊像沒有不好的，只是這尊像的做工稍有欠缺。從這個回答中，我們可以充分感受到尊者對佛像的恭敬之心。

既然佛像都是好的，那我們對所供之像就不必選擇嗎？對某些年久破損或做工粗陋的造像又該如何處理呢？這也是信眾們經常問起的。供養佛像的目的，是為了幫助我們生起恭敬心。如法莊嚴的佛像，對生起清淨心有極大作用，為修道助緣。所以恭請佛像時，應盡己所能，選擇如法、莊嚴、質地精良的造像。若所供佛像年久破損，當以恭敬心作妥善處理，於高處焚化後將香灰置於淨地。以虔誠心做這一切，並非對佛像不敬。因為凡夫是很著相的，尤其是尚未信佛者，往往會以世俗眼光看待佛像。為避免使佛菩薩形象受到影響，避免他人造作口業，我們可以本著恭敬心對破損、髒汙的造像加以處理。

同時，切勿將佛像作為裝飾品、工藝品隨處擺放，這是現代人極易違犯的問題之一。佛像，不僅作為佛菩薩的象徵為信徒供奉，本身也往往是藝術精品。但不少人只看到藝術，卻忽略了佛像最重要的內涵和作用。隨著現代工藝的發達，佛菩薩造像成了工藝品的重要題材，數量大大增加。得到一尊佛像不再是難事，因而不少人將之作為點綴居室的裝飾品。這樣做非但不能起到供佛的效果，反而存在諸多問題：不僅擺放處所多不如法，更嚴重的是，一旦習慣性地將佛像視為工藝品，今後很難對佛像生起真正的恭敬心和清淨心。

還應注意的是，不能以買賣佛像牟利。或許不少人感到疑惑：現在很多寺院也在流通佛像，是否如法呢？關於這個問題，應該以發心作為考量標準。所謂買賣，是指商人將佛像、佛經作為貨物進行貿易並牟利，這是絕對錯誤的。如果出發點是為了更好地弘揚佛法而非盈利，那麼，流通與不能買賣佛像就不存在矛盾了。在這個問題上，一方面是以發心來衡量，一方面是從效果來考察。凡夫心非常微妙，容易得到的往往不加珍視，花錢請到的卻恭恭敬敬。我覺得，對於佛像和佛經的普及，關鍵不是在採取贈送或流通的方式，而在於我們的發心，更在於實際操作中的效果。若發心正確且不以盈利為目的，即使流通也無妨。但若發心不正，即使採取贈送方式，一樣是不如法的。

敬佛，並非佛菩薩需要我們恭敬，因為諸佛世尊已徹底斷除我相，毀譽不動如須彌。既然如此，為什麼要敬佛，乃至將佛像視為佛陀真身般恭敬？或許在某些人的眼中，這麼做無異自欺欺人，明明是泥塑木雕，為何視為真身並虔誠禮拜？須知，敬佛是自身修行的需要，是通過恭敬達到淨化內心的效果。當我們處於極度恭敬中，內心必然是清淨無染、與法相應的。這種恭敬本身就是極好的修行。

其次，應恭敬法，恭敬佛經等一切法寶。我們要像敬佛那樣，將經典視為佛的法身。切勿將佛經當作普通書籍那樣隨意放置，尤其是不潔處，也不要將其他物品（包括佛像、念珠等法物）置於經書上。不少信徒對佛像非常恭敬，卻不懂得珍視法寶。須知，諸佛皆因法得解脫，從這個意義上說，三寶又以法為尊，這是我們需要特別注意的。藏傳佛教在這方面非常重視，每拿到一本佛經，先高舉頭上頂戴受持。這絕非可有可無的形式，事實上，通過對佛經的恭敬，能有效強化我們對法的信心，從而依教奉行。因為信心也需要因緣的滋潤，需要通過一些外在形式來喚醒它、加強它。

有一分恭敬，才能得一分法益。學佛如此，任何世間法的學習也是如此。如果對傳業師長不恭敬，對所學知識不重視，是不可能學有所成的。所以從修行意義上說，恭敬佛經的意義極為重大。這不僅影響到我們今生對法的受持，還將影響到未來的法緣。如果不恭敬法和法師，是壞智慧之因，會使我們將來無緣親近佛法，乃至投生於不聞佛法的邊地。

敬法的根本，在於依教奉行。《普賢行願品》告訴我們：「諸供養中，法供養最，所謂如說修行供養，利益眾生供養，攝受眾生供養，代眾生苦供養，勤修善根供養，不捨菩薩業供養，不離菩提心供養。」從利益眾生到不離菩提心，都是行佛所行，是對佛陀教法的切身實踐，也是對三寶恩德的最好回報。《金剛經》告訴我們：「若有人以滿無量阿僧祇世界七寶持用布施，若有善男子善女人發菩提心者，持於此經乃至四句偈等，受持讀誦，為人演說，其福勝彼。」此處以校量的方式說明，依教奉行遠勝於世間一切善行。

對法的恭敬，目的是為了更好地修學並實踐佛法。如此，上求佛道，下化眾生，才是真正的佛子所為。

第三是恭敬僧寶。佛法能夠在世間流傳，正是因為有僧寶這一重要橋梁。僧寶是佛法的實踐者，也是正法的住持者。我們應該時常憶念僧寶恩德，因為他們對佛法的住持和弘揚，我們才有機會親近僧團、聽聞正法、走向解脫。同時，在家居士也有責任護持僧團發展，或樂助寺院建設，或以飲食、衣服、臥具、湯藥對僧眾行四事供養，或身體力行地參與各項弘法活動。

特別應當注意的是，皈依僧是皈依十方三世一切僧寶，故應對所有僧眾一視同仁地恭敬，切忌以凡夫心妄加批判，說僧過惡，造作極大罪業。儘管現實中的僧團是由不同素質的人組成，未必盡如人意，但作為佛弟子，尤其是在家居士，除了在抉擇依止師時需要仔細考量，對於其他僧人絕不可妄加評論。

恭敬僧寶的意義，還在於幫助我們培植出家解脫之因，使未來能早日成為真正的僧寶。像佛陀那樣，以出家相證菩提，得自在，度眾生。

敬佛、敬法、敬僧，是每個佛弟子必須做到的。不僅要發自內心地恭敬，更要將這分恭敬體現於一言一行中。切勿像某些好高騖遠的學人那樣，知道些禪宗皮毛，開口便是不著相。作為凡夫，如果不把佛法放在心上，法還能對他產生作用嗎？雖然眾生本具佛陀那樣的品質和智慧，但現有的心行基礎仍是凡夫心。若要轉變這一生命狀態，必須從恭敬外在三寶開始，逐步成就內在三寶。

3．共同學處

所謂共同學處，即對三寶必須奉行的行為準則，共有五點：

第一，隨念三寶功德，數數皈依。我們應該時常憶念佛、法、僧的無量功德，生起虔誠皈依之心。看到每一個眾生，皆存念：「汝等眾生皈依三寶，發菩提心。」隨時發起這樣的願望，念念與三寶相應，將對改善心行有著不可思議的作用。

第二，隨念三寶大恩。我們應該時常憶念三寶大海般深廣的恩德。因為有三寶應化於世，我們才能聽聞佛法，修習善行，故當以感恩心隨時修習供養。條件允許的話，家中設一佛堂，每日至少以淨水為供。平時得到任何精良的食品或衣物，皆應供養後才享用。供養主要具有兩重意義：其一，三寶乃世間最勝福田，由供養三寶而能獲福無量。人天路上，修福為先，任何成就都離不開福報的支撐。成佛是福德和智慧資糧的圓滿，故應以供養三寶來培植福報。世人不知其中奧妙，津津樂道於蠅頭小利，反而忽略了這一廣大福田，良可浩歎。其二，強化三寶在心目中的地位，不斷修習供養，內心就會時常與三寶相應，使其牢牢地扎根於我們心中。

第三，隨念大悲。我們所以念佛，所以皈依三寶，原因就在於三寶具備無緣大慈、同體大悲的殊勝品質。所以，念佛不僅是為了祈求護佑，更是為了仿效佛菩薩，最終成就他們那樣的慈悲和智慧。我們念觀音菩薩，是憶念觀音菩薩的大悲心；念阿彌陀佛，是憶念阿彌陀佛的大智慧。諸佛菩薩是以發菩提心、利益一切眾生來修習大悲的。我們從佛法受益後，也應引導一切眾生投歸三寶的懷抱，弘揚佛法，自利利他。

許多人都覺得弘法只是出家人的責任，這種觀念是錯誤的。應該說，弘法不僅是出家人的責任，也是每個佛弟子的責任。有人擔心自己能力不夠，以為未能自度，焉能度人。其實，每位佛子都可在力所能及的範圍內弘法利生。比如做每件事或修任何法門時，首先發心為利益一切眾生而做。尤其在修習皈依時，觀想自己帶領一切眾生投歸三寶懷抱。生起這一願望後，在日常生活中，自然能以各種因緣引導眾生親近三寶。如果自己有能力講，不妨現身說法；如果自己不善言辭，不妨介紹他們親近善知識，或助印法寶，這些都屬於弘法的修行。

經云：財施不及法施，財供不及法供。《金剛經》先後七次校量功德，告訴我們，以恆河沙等財物乃至身命布施，都不及為人演說四句偈的功德。原因何在？因為外在財物雖能給人帶來富足，卻不能斷除內在煩惱。唯有引導他人學佛，才能使他究竟解決生命問題。可見，弘揚佛法和引導他人學佛的意義有多麼重大。

第四，凡事啟白三寶。每做一件事之前，首先恭敬合掌，啟白三寶曰：十方三寶證知，弟子某某今日準備做什麼，祈求十方三寶加持。遇到困難時，同樣可以向三寶請求幫助，恭敬合掌曰：弟子某某遭遇困難，祈求十方三寶加持，使違緣遠去，順緣具足。倘未能如願，切不可抱怨三寶不慈悲，須知為自身業障所致，應生起慚愧心，廣修善行，懺悔業障，直到心行與三寶相應，自然能得加持。時時啟白三寶，不僅能獲得三寶加持，也是培養皈依心的重要修行。人們處於困境時，首先想到的必定是心目中最強大的人，作為佛弟子，三寶是我們最有力的後盾，能時時處於三寶加持之下，是多麼幸福而安全。

第五，守護不捨。皈依之後，應堅定地守護皈依體，乃至捨命，亦不捨皈依。皈依體，甚至比我們的生命更重要。捨命並不可怕，因為來生還能繼續。在無盡的生死洪流中，我們曾千生千死，萬生萬死，卻一直空過。但如果捨棄皈依，將長劫沉淪，無有出期，即使多生一次又有什麼意義呢？此外，切莫將外道與三寶的功德相提並論。社會上時常可以聽到這樣的論調：佛教、基督教、伊斯蘭教、道教大同小異，本質是一樣的。如果以為所有宗教殊途同歸，說明我們對三寶並未生起不共的信心和堅定的信解，這樣一些觀念也會使我們捨棄皈依。

皈依之後，一定要奉行相應的學處。通過守護學處，使自己保有皈依體，並強化三寶在內心的分量。唯有信仰堅定，行為如法，三寶才能真正對我們的生命產生作用。

七、皈依的利益

皈依能為我們帶來什麼利益？或許有人會奇怪：學佛者也講究利益嗎？事實上，學佛並非排斥利益，只是不執著利益，以無所得的心看待這一切。

但不執著利益，並不影響應得的利益。事實上，學佛本身就有大利益：一是暫時利益，即人天福報；一是究竟利益，即成佛。在《金剛經》、《華嚴經》等大乘典籍中，都有相當篇幅論及學佛利益。尤其是《華嚴經》中，對於學佛和發心功德的敘述，蔚為壯觀，震撼人心。當然，對這一切不能有絲毫執著之心。因為執著的心是有限的，所容納的功德也是有限的。

關於皈依的利益，可以簡單歸納為八點：

1．入佛子數

當我們對三寶生起完全依賴、信服和追隨之心，再由如法皈依獲得佛法傳承，便正式成為三寶弟子。所以，皈依是區分是否為佛弟子的準繩。

皈依的關鍵在於宣誓三皈，即盡形壽以佛、法、僧三寶作為究竟皈依處。正是這種承諾，使我們獲得了數千年來一脈相承的，由佛陀和歷代祖師代代傳遞的皈依體。從理論上說，皈依便獲得了正式學法的許可，有資格修學任何經論。但要注意的是，修學需要次第，若不遵循相應次第，極易走入誤區。而對甚深法義的準確把握，離不開師長傳授，否則容易在理解上出現偏差。所以，有些宗派強調經論必須在師長傳授或開許後方可修學。從修學效果而言，確實有相當道理。

此外，皈依體還具有防非止惡的功能，是我們走上漫漫修行路的有力後盾。守護皈依體，就是守護我們作為佛弟子的資格。一旦退失皈依，就像因違規而被判出局的參賽運動員，即使再努力，也無法獲得任何成就。

2．諸戒之本

戒是正順解脫之本，亦為無上菩提之本。但所有戒律的受持奉行，都建立在對三寶的信心之上。無論受持五戒、八戒，還是沙彌戒、具足戒，都是通過皈依，通過對三寶的宣誓來納受戒體。我們對戒的信仰，關鍵取決於對三寶的信仰。若對三寶不具信心，就不會以純粹的求解脫之心受戒。即使因為種種原因受了戒，也難以認真持戒，守護不失。

其實，不僅是戒律，一切法門的修行都沒有離開對三寶的信心。無論出離心、菩提心的生起，還是持戒修定、深信因果、了知無常，莫不如此。可以說，對三寶的信心達到什麼程度，對佛法的實踐就會達到什麼程度。如果不是堅信修行能成就解脫，能一絲不苟地依教奉行嗎？尤其當習氣和修行發生衝突時，如果沒有真切的信仰，又靠什麼來抵擋習氣干擾，堅定修行步伐呢？

唯有對三寶具足決定的信心，才會依循佛陀教誨，身體力行，真履實踐。所以，皈依不僅是諸戒之本，也是一切法門修行的根本。

3．滅滅諸障

皈依能幫助我們滅除一切罪業。在無盡的生命延續中，我們曾造作無邊罪業，唯有至心懺悔方能消除。在《略論》中，將懺悔的力量總結為能破力（追悔力）、對治現行力、遮止力、依止力四種。其中，依止力便是依三寶之力化解業障，離諸困厄。

《增一阿含經》記載：有忉利天子五衰相現，當生豬中，愁憂聲聞於天帝。天帝聞之，喚來告曰：「汝可三皈，即時如教，便免生豬。」三自皈已，生長者家，還得出家，成於無學。

可見，至心皈依三寶，依三寶加持，便能滅滅諸障而得解脫。

4．集廣大福

三寶為世間最大福田。福報由耕耘而來，就像農民想要秋天收穫，必須春天播種。同樣，我們想獲得福報，也應悉心培植。福田有三，分別是恩田、悲田、敬田。對有恩於己者，知恩報恩；對貧窮苦難者，盡力幫助；對佛法僧三寶，虔誠禮敬。

三寶是生命的巨大寶藏，蘊含著無量功德智慧。皈依三寶，將有源源不斷的福報等待我們開採、挖掘。正如《攝波羅蜜多論》所云：「皈依福有色，三界器猶狹，如大海水藏，瓢所不能量。」如果皈依福報有形相的話，乃至三千大千世界都無法容納。因為皈依所獲之福是無限的，這種無限超越我們的思惟，無法以語言來表達。

關於皈依功德的超勝，《佛說稀有挍量功德經》亦云：「假使滿三千大千世界中諸佛如來，譬如竹葦、甘蔗、稻麻，彼等諸佛世尊至真等正覺，若有善男子善女人，二萬歲中常以一切娛樂之具，衣服、飲食、床臥、湯藥種種奉施，乃至滅度之後，收其舍利，起七寶塔。一一寶塔皆以華香、伎樂、繒蓋、幢幡、香燭、油燈……種種所需，悉皆供養，實得無量無邊不可算不可數福德之聚。佛言：阿難！猶不如是善男子善女人，以淳淨心作如是言：我今皈依佛、皈依法、皈依僧。所得功德勝前福德百倍千倍萬倍，不可算數，言辭譬類所能知及。」

可見，皈依和憶念三寶能獲得無量無邊的福德。

5．不墮惡趣

佛法認為，生命於六道輪轉不息。其中，惡道苦極為恐怖，經常思惟，能激發猛利的皈依心。若把三寶視為生命的唯一歸宿，承其加被，就不必有墮入惡道之憂。

《佛說嗟韈曩法天子受三皈依獲免惡道經》云：「誠心歸命佛，彼人當所得，若晝若夜中，佛心常憶念。誠心歸命法，彼人當所得，若晝若夜中，法力常加持。誠心歸命僧，彼人當所得，若晝若夜中，僧威常覆護。」

《法句譬喻經》中則有這樣的記載：「昔者天帝釋五德離身，自知命終當生陶家受驢胎。愁憂自念，三界之中濟人苦厄唯有佛！馳往佛所，稽首伏地，至心歸命佛法僧眾。未起之間，其命忽終，便入驢母胎中。時驢解走，破壞坏器，其主打之，尋時傷胎，其神即還入故身中，五德還備，復為天帝。佛讚：善哉！殞命之際，歸命三尊，罪對已畢，不更勤苦。佛為說偈，令帝釋聞之，達罪福之變，解興衰之本，遵寂滅之行，得須陀洹道。」

當我們臨命終時，影響生命走向的，既取決於往昔所造諸業，也和臨終一念是善或不善有關。若歸投三寶的意願非常強烈，其他念頭就沒機會影響我們。反之，業力現前，掙扎於臨終的身心痛苦中，稍有不慎便可能墮落惡道。所以並不是簡單皈依一下就能保證我們不墮惡道，關鍵是對三寶生起強烈的歸屬感，由這種強大意願形成的力量，才能推動我們遠離惡道，投生善趣，乃至往生極樂。

6．人與非人不能為災

皈依三寶，安住於三寶慈光加持之下，有如獲得最有效的護身符，能使我們的生活和修行平安順遂。無論周圍的人，還是非人等其他鬼神，都無法傷害我們。所謂傷害，既有意外事故等外在磨難，也有心理障礙等內在恐懼。皈依之後，仰仗三寶力量，既能使我們遠離危難襲擊，更能使我們內心安樂，遠離顛倒妄想。因為三寶代表世出世間最強大的力量，即使世間充滿驚濤駭浪，狂風暴雨，我們仍能在三寶的寧靜港灣中安身立命，無懼任何災難。

《大毗婆沙論》云：「謂為受已信敬三寶，諸天善神必擁護彼，不令橫死，不遭病難……不墮惡趣，生天人中。」

此外，《佛說灌頂三皈五戒帶佩護身咒經》更記載有三十六守護受三皈者的善神，經云：「受三皈者，有三十六位護皈善神，日夜保護一切吉祥。」這些善神受四大天王派遣，專門護持受三皈者，更有萬億恆河沙數的鬼神為其眷屬，輪番護持。當然，必須是如法的三寶弟子，才能得到這一庇護。

7．隨願皆成

所謂隨願皆成，並非指所有人的所有願望，而是美好善良、自利利他的願望。對於這些正當願望，真切祈求三寶加持，皆能心想事成。包括我們在做事過程中遇到困難和阻礙，同樣可以祈請三寶加被護持。

我們在世間能否獲得成功，很大程度上取決於自身福報。而三寶為無上福田，若內心常與三寶相應，便能念念成就無量福德，消除無量業障，所願自然容易成就。具足內在福報，輔以三寶加持，便能隨願皆成。

8．速得成佛

對三寶的真切信仰，將使我們生生世世有緣常隨三寶，精進聞法修行。皈依三寶的根本，乃通過外在三寶，認識生命本具的三寶品質。由認識、熟悉三寶品質而速得成佛。皈依法門可深可淺，深不見底。全身心歸投於三寶懷抱，在三寶引領下迅速積累資糧，圓滿福德和智慧，正是快速成就佛道的捷徑。

八、皈依的修習

皈依的最終目的，是於自身成就三寶具有的品質，這一過程貫穿了學佛的整個修行。所以皈依後還須反覆修習，時時強化，藉由三寶功德轉化現有生命。

佛法的一切修行，都建立於對三寶的信心之上。關於此，大小乘經論中有豐富的內容。在《阿含經》中，主要體現為三隨念（念佛、念法、念僧）和六隨念（另加念戒、念施、念天）等。而大乘經典中，關於念佛、念法、念僧的修行更是不勝枚舉。在南傳佛教地區，信眾每天都要稱念三皈，初一、十五或六齋日還要到寺院修習皈依。在藏傳佛教中，是以念誦數十萬乃至百萬遍的皈依作為前行。可見，修習皈依是佛教的重要傳承。遺憾的是，漢地對此不夠重視，僅將皈依視為入門手續，未能深入修習。所以，三寶很難在我們心中具有足夠的分量，最終使信心道念逐漸淡化。

1．如何修習皈依

修習皈依，應遵循儀軌進行。為確保修習品質，主要在座上完成。除此而外，座下也應時時念誦三皈，使心恆常與三寶相應。

（1）唱《三寶歌》

人天長夜，宇宙黮暗，誰啟以光明？三界火宅，眾苦煎迫，誰濟以安寧？大悲大智大雄力，南無佛陀耶！昭朗萬有，衽席群生，功德莫能名。今乃知，唯此是真正皈依處，盡形壽，獻身命，信受勤奉行！

二諦總持，三學增上，恢恢法界身。淨德既圓，染患斯寂，蕩蕩涅槃城。眾緣性空唯識現，南無達摩耶！理無不彰，蔽無不解，煥乎其大明。今乃知，唯此是真正皈依處，盡形壽，獻身命，信受勤奉行！

依淨律儀，成妙和合，靈山遺芳型。修行證果，弘法利世，焰續佛燈明。三乘聖賢何濟濟，南無僧伽耶！統理大眾，一切無礙，住持正法城。今乃知，唯此是真正皈依處，盡形壽，獻身命，信受勤奉行！

（若個人獨修，也可以虔誠心念誦《三寶歌》。）

（2）發心、懺悔、供養

先修發心、懺悔：

我今發心，不為自求人天福報、聲聞緣覺，乃至權乘諸位菩薩。唯依最上乘，發菩提心。願與法界眾生，一時同得阿耨多羅三藐三菩提。

皈依十方盡虛空界一切諸佛！

皈依十方盡虛空界一切尊法！

皈依十方盡虛空界一切賢聖僧！

如是等一切世界，諸佛世尊常住在世，是諸世尊，當慈念我。若我此生，若我前生，從無始生死以來，所作眾罪，若自作，若教他作，見作隨喜。若塔若僧，若四方僧物，若自取，若教他取，見取隨喜。五無間罪，若自作，若教他作，見作隨喜。十不善道，若自作，若教他作，見作隨喜。所作罪障，或有覆藏，或不覆藏，應墮地獄、餓鬼、畜生，諸餘惡趣，邊地下賤，及蔑戾車，如是等處。所作罪障，今皆懺悔。今諸佛世尊，當證知我，當憶念我！

（憶念自己無始以來所作罪業，尤其是近來的不如法行為，於十方諸佛菩薩前生起真誠懺悔之心，並安住於懺悔之心，靜默三分鐘。）

其次修七支供，依普賢廣大行願集資淨障：

所有十方世界中，三世一切人獅子，
我以清淨身語意，一切遍禮盡無餘。
普賢行願威神力，普現一切如來前，
一身復現剎塵身，一一遍禮剎塵佛。
於一塵中塵數佛，各處菩薩眾會中，
無盡法界塵亦然，深信諸佛皆充滿。
各以一切音聲海，普出無盡妙言辭，
盡於未來一切劫，讚佛甚深功德海。
以諸最勝妙華鬘，伎樂塗香及傘蓋，
如是最勝莊嚴具，我以供養諸如來。
最勝衣服最勝香，末香燒香與燈燭，
一一皆如妙高聚，我悉供養諸如來。
我以廣大勝解心，深信一切三世佛，
悉以普賢行願力，普遍供養諸如來。
我昔所造諸惡業，皆由無始貪嗔痴，
從身語意之所生，一切我今皆懺悔。
十方一切諸眾生，二乘有學及無學，
一切如來與菩薩，所有功德皆隨喜。

十方所有世間燈，最初成就菩提者，
我今一切皆勸請，轉於無上妙法輪。
諸佛若欲示涅槃，我悉至誠而勸請，
唯願久住剎塵劫，利樂一切諸眾生。
所有禮讚供養福，請佛住世轉法輪，
隨喜懺悔諸善根，迴向眾生及佛道。
乃至虛空世界盡，眾生及業煩惱盡，
如是四法廣無邊，願今迴向亦如是。

然後，念誦七佛滅罪真言，以此清洗罪障（七遍）：

離巴離巴帝，估哈估哈帝，達拉尼帝，尼嘎拉帝，微嘛離帝，馬哈嘎帝，（加母）（拉母）（扎母）帝，司哇哈。

（念誦時，觀想無始以來所造罪業念念消融於三寶的無盡功德中。）

（3）觀察修

首先，思惟暇滿人身蘊含著重大意義，認識到唯有皈依三寶才能實現暇滿人身的重大意義。其次，思惟死亡一定，死期不定，死時除佛法外餘皆無益，對三寶生起猛烈的皈依之心。第三，念三惡道苦，生起恐懼感，生起求拯求救之心。然後憶念三寶功德，對三寶生起極大的信心，確定以三寶為人生的依賴及歸宿。

（4）安住修

反覆念誦「南無布達耶、南無達瑪耶、南無僧伽耶……」

（念誦三皈依時，觀想六道一切眾生和自己一起念誦，念念融入十方三寶的無盡功德中。）

隨後止靜：觀想十方三寶的無盡功德，安住十方三寶的無盡功德中。

（5）發願

首先，發願奉行五戒：

第一不殺生：認識到生命毀滅所造成的痛苦，我發誓培養悲心，學習各種方法保護人、動物、植物的生命。我決心不殺生，不教人殺，在思想上和生活中不寬恕自己的任何一種殺生行為，同時也不隨喜任何人的殺生行為。

第二不偷盜：認識到由剝削、壓迫、偷盜和社會的不公正等等現象所造成的痛苦，我發誓培養慈心，學習各種方法，為人、動物和植物的良好生存狀態而努力工作。我發誓，通過與那些真正需要的人分享我的時間、精力和物質財富的方式來修布施。我決心不偷盜，不將任何屬於他人的物品據為己有。我將尊重他人的財產擁有權，但我將阻止以人類的痛苦為代價，或以地球上其他地區人民的痛苦為代價，來為自己謀取利益的行為。

第三不邪淫：認識到由不正當的性關係所造成的痛苦，我發誓培養責任心，並學習維護個體、夫妻、家庭和社會的安定與團結的方法。我決心不捲入沒有愛和長期承諾的性關係中。為了維護我和他人的幸福，我決心尊重自己和他人的承諾。在我力所能及的範圍內，我將做一切事情來保護兒童不受性侵害，防止夫妻關係和各個家庭因不正當的性關係而破裂。

第四不妄語：認識到由說話心不在焉和沒有傾聽能力所造成的痛苦，我發誓修習愛語和傾聽，給他人帶來幸福和快樂，從而減輕他們的苦惱。明瞭語言可以創造幸福或製造痛苦，我發誓學習講實語，講能夠激發人的自信、給人帶來快樂和希望的話。我決心不傳播不確定的消息、不批評或譴責我沒有把握的事情，避免講會導致分裂或不和的話，或會導致家庭、團體破裂的話。我將盡一切努力來調解和平息所有的矛盾，無論是多麼微小的矛盾。

第五不飲酒：認識到由不適當的消費所造成的痛苦，我發誓通過有覺照的飲食和消費，為自己、為家庭、為社會保持良好的健康，無論是生理方面，還是心理方面。我發誓只吸收那些對維護我個人、我的家人和社會大眾身心健康與和諧有益的東西。我決心不飲酒，不吃有害的食品，不接觸不健康的精神產品，比如某些特定的電視節目、雜誌、書、電影及談話等。我知道，用這些「毒品」來損害我的身心，就是背叛了我的祖先、我的父母、我的社會和我的後代。

我將通過修習既適用於個體也適用於社會的這五戒，使自己心中和社會上的暴力、恐懼、憤怒及混亂狀態得到改變。我明白，要改造自我，改造社會，一份合適的戒規是必不可少的。

其次，修習四無量心：

願諸眾生永具安樂及安樂因。（慈無量）

願諸眾生永離眾苦及眾苦因。（悲無量）

願諸眾生永具無苦之樂，身心怡悅。（喜無量）

願諸眾生遠離貪嗔之心，住平等捨。（捨無量）

（6）迴向

皈依功德殊勝行，無邊勝福皆迴向。

普願沉溺諸眾生，速離迷惑得解脫。

十方三世一切佛，一切菩薩摩訶薩，摩訶般若波羅蜜。

關於皈依的修習，需要注意以下幾點。

第一，修習應該遵循完整的儀軌進行，包括前行、正行、迴向三部分。首先以發心、懺悔、修七支供為前行，幫助我們集資淨障。集資，即積集資糧，就像出門需要準備錢糧；淨障，即掃除前進障礙，使行程順利。其次是正行，包含觀察修、安住修、發願三部分，核心內容是念誦三皈依。最後是迴向，將修行功德指向某個目標，尤應以菩提心迴向，使這份功德百千萬倍地增值。

第二，念誦三皈依前，應發起至誠懇切的求救之心，不斷念死無常，念惡道苦。如果意識不到輪迴險境，皈依心自然難以真切。

第三，確定以三寶為究竟皈依處，這一認識主要通過憶念三寶功德完成。發心皈依的過程，也是作出抉擇的過程。當我們意識到財富和地位只是過眼雲煙，意識到其他宗教的不圓滿，才選擇了佛教。但這一認識必須在修習中不斷強化。

第四，觀想三寶功德，將自己念念融入其中，就像一滴水融入大海。其實三寶從未捨棄我們，所以我們需要做的，只是全身心地投入。

2．《儀軌》中發心的說明

佛法一切修行都是建立在發心的基礎上。不僅修行如此，生活中，我們每天也在發心。不論工作還是學習，若無心的參與，將一事無成。所以，心是一切行為的根本。以什麼心做事，最終將成就什麼樣的人生。我們現有的心行基礎是凡夫心，這就影響到日常的一言一行。如果不加以調整，修行也難免夾雜著凡夫心。那麼，最終成就的也必定是凡夫心。

怎樣調整心行？學佛所要發的，是出離心和菩提心。發起出離心，視三界如火宅，世間如牢獄，自然無心貪戀，只求速速逃離。否則，生命永遠是凡夫心的延續，深陷貪心、嗔心、我慢、嫉妒的巨大陷阱。但出離心只能使個人解脫，當我們看到三界之苦，看到六道一切眾生於輪迴中受難，如何忍心獨自出離？幫助六道一切眾生解脫的心，就是菩提心。依此修行，方能成就諸佛菩薩的大慈大悲。皈依三寶的根本，是成就佛菩薩品質，這就必須從菩提心開始。正如儀軌中所說：「我今發心，不為自求人天福報、聲聞緣覺，乃至權乘諸位菩薩。唯依最上乘，發菩提心。」需要注意的是，發心不僅是念誦文字，更須從內心深處生起真切的願望。願望有多強烈，投入的精力就有多少，成功的希望才有多大。若能將菩提心作為人生最強烈的願望，形式上的發願便不重要了。在此之前，我們還須通過不斷念誦來強化。

發心，不僅體現在發願文中，還貫穿於整個儀軌的修習。尤其在正修三皈依時，更是消除狹隘自我、訓練發心的良機。我們要觀想自己帶領六道一切眾生念誦皈依，共同投歸三寶的無盡功德。如是觀想，正是對佛菩薩心行的模擬和訓練。通常，我們心中只裝著自己、家庭、朋友，即使能裝下民族、國家，終歸是有限的。發菩提心是要容納一切眾生，確實存在難度。唯有從座上觀修入手，逐步打開心量。然後堅持不懈地努力，終有一天能向佛菩薩的心行靠攏。與此同時，我們還應該在座下隨緣隨分地利益眾生，使發心和行為得到統一，共同養育菩提心的成長。

3．《儀軌》中懺悔的說明

發心之後，須以勇猛心修習懺悔。在無盡的生命延續過程中，我們積累了太多罪業，並將長久地影響我們。唯有至心懺悔，才能消除這些負面業力。

懺悔，首先要發露往昔以來的罪業，直面自身問題，生起改過之心。《儀軌》中「如是等一切世界諸佛世尊……」等語，正是對種種罪業的發露。念誦後，憶念自己無始以來所造罪業，尤其是近來的不如法行為，於十方諸佛菩薩前生起真誠懺悔之心，並安住其中。

然後是修習「七支供」。在漢傳佛教中，「七支供」為大懺悔文，可幫助我們快速懺除業障。在藏傳佛教中，「七支供」是集資淨障的重要方式，屬於修習一切法門的前行。

為了加強懺悔效果，再念誦「七佛滅罪真言」七遍，觀想無始以來所造罪業念念消融於三寶無盡功德中。「七佛滅罪真言」出自《大方等陀羅尼經》，「七佛」乃泛指，實為無量諸佛傳授給眾生的滅罪真言。以虔誠心念誦這一真言，通過佛菩薩的加持，當下就能化解業障，不可思議。此處的「七佛滅罪真言」與平日早晚功課中的發音略有不同。大家以往念誦的是唐譯，為「離婆離婆帝，求訶求訶帝……」，但同樣的文字，唐音與現今已有不同。皈依儀軌中收錄的「七佛滅罪真言」是直接從梵文音譯而來，更接近於梵音。

除此而外，以清淨心稱念「南無布達耶，南無達瑪耶，南無僧伽耶」，也有懺悔之效。因為稱念三皈能得到三寶加持，也能開發內在的三寶品質，仰仗內在和外在的力量，共同化解業障。

4・《儀軌》中七支供的說明

「七支供」出自經中之王《華嚴經・普賢行願品》，在佛法修行中有著重要地位。普賢菩薩的大願，又稱「十大願王」，內容極為殊勝。

「所有十方世界中」等四頌為「禮敬支」，其中初一頌為三門總禮，後三頌為各別禮敬。「以諸最勝妙華鬘」等三頌為供養支，其中前二頌為有上供養，後一頌為無上供養。「我昔所造諸惡業」一頌為懺悔支，「十方一切諸眾生」一頌為隨喜支，「十方所有世間燈」一頌是請轉法輪支，「諸佛若欲示涅槃」一頌是請佛住世支，「所有禮讚供養福」一頌是迴向支。

「七支供」的內容看似平常，但因其建立於普賢行願的基礎上，故無比殊勝。我曾將《普賢行願品》的修行歸納為兩句話，即「菩提心的無上觀修，佛陀品質的臨摹方法」。依普賢行願修行，直接以佛菩薩為榜樣，通過類比，一一對照並修正自身心行。

普賢行願所以稱為「願王」，因為每一願皆以無限為所緣。我們供佛只是供一尊佛，拜佛也只是拜一尊佛，所做有限，供品更有限。依普賢行願觀想，每稱念一佛，或禮敬一佛，都是以十方盡法界虛空界、無量無邊諸佛為對象。這種禮敬和供養不是一天兩天，是盡未來際永不間斷。所謂「虛空界盡，眾生界盡，眾生業盡，眾生煩惱盡，我此禮敬無有窮盡。念念相續，無有間斷，身語意業，無有疲厭」，這是何等恢弘的願力，何等廣闊的心行。

這樣無限的心，正是佛菩薩的心。通過《普賢行願品》的修行，就可以打開自我。當我們觀想以十方一切諸佛作為禮敬對象時，當下就可契入佛菩薩的心行。以無限之心供養，則能成就無量福報。因為建立在無限基礎上的任何行為都會成為無限，就像任何數字乘以無窮大之後會變成無窮大一樣。所以根據「七支供」修行，可以幫助我們在最短時間內圓滿成佛資糧。反之，若以有限心行積累福報，永遠是有限的。正如《金剛經》所言：「若菩薩心住於法而行布施，如人入暗，則無所見。」

5．《儀軌》中發願的說明

皈依的目的，是於自身成就三寶功德。這就需要從做人開始，如果不具備基本的做人準則，如何修菩薩道乃至成佛？

作為佛弟子來說，做人的基本準則是遵守「五戒十善」。五戒為不殺生、不偷盜、不邪淫、不妄語、不飲酒，本身就蘊含重要的修行意義。

不殺生可以止息殺生惡行，進而止息嗔恨心，培養慈悲心。不偷盜又名不不與取，凡別人未給予的東西皆不可占為己有，包括偷搶及坑蒙拐騙。止息偷盜行為，也在幫助我們止息貪心，進而培養布施心，以自己的財物、技能及所學佛法幫助別人。不邪淫即斷除合法夫妻外的一切性關係，幫助我們止息對異性的貪著心。在佛教看來，淫欲為生死根本，更是修行的極大障礙。止息邪淫乃至一切淫欲行為，能幫助我們早日解脫。不妄語即不說假話，其中又有大妄語、小妄語和方便妄語之分。大妄語為未證言證等重大欺騙行為，謊稱修行成就以騙取他人的供養或信賴；小妄語為未見言見之類的謊言，屬於日常生活中的欺騙行為。妄語乃虛妄之因，是成就真實智慧的障礙。不飲酒，包含酒精及一切影響心智成長的食物和精神產品，它們會張揚人性的醜惡，阻礙智慧開發，故應堅決戒除。

戒的意義在於防非止惡，防止殺盜淫妄等犯罪行為。從古至今，時代雖然有了很大變化，人性卻沒什麼兩樣。眾生的共性是貪嗔痴，犯罪行為也不出殺盜淫妄的範疇。五戒建立在人性基礎上，目的是為了止息貪嗔痴，止息不良串習，成就內在的高尚品質，所以永遠不會過時。

五戒雖然道理簡單，意義卻非常深奧。皈依儀軌中收錄的五戒內容，由法國梅村禪修中心的一行禪師編寫，內容非常契合時代，希望在家居士能每天念誦，將之作為人生信條。這不僅對個人修行具有重要意義，同時對社會安定、人類和平有著促進作用。

五戒偏於止息惡行，四無量心則重視修習善行。四無量心的修習貫通三乘，若以世間心修習，所獲功德能生梵天，故四無量心又稱四梵住；若與空性慧相應，超越我及我所，不起自他分別，則能成就聲聞聖果；若與菩提心相應，以無盡悲願修習慈悲喜捨，則是菩薩道的修行，能圓成無上佛果。

四無量心，在聲聞乘及菩薩乘中都很重視。作為在家居士，應該以修習四無量心作為基本訓練，時時想著給予一切眾生快樂；拔除一切眾生痛苦；對一切眾生獲得成就和利益由衷歡喜；祈願一切眾生遠離貪嗔之心，住平等捨。在此基礎上，修習菩提心和空性見，直達無上佛果。

九、結束語

皈依是佛法的根本，修行的基礎，更是成佛的保障。不論出家或在家佛子，都應該將皈依作為重心，將修習皈依視為首要，為未來修行打下扎實基礎。同時也建議每位佛子，不論學佛時間有多長，都應該繼續修習皈依。這不僅能培養對三寶的信心，對提升修行也有莫大幫助。我自己也在修皈依，以念誦三皈作為日常修持。皈依修習可深可淺，若以至高的見地修習，皈依同樣是圓頓、快捷的法門。

當前，教界普遍存在信仰淡化的現象，不少人皈依多年之後，內心依然迷茫漂泊，不知如何著手修行。縱有所學所修，也大多不得要領，心行難有重大改變。這些都和忽略皈依修習有直接關係。因此，教界應當大力推廣皈依共修活動。撰寫本書的初衷，是為了給信眾制訂每週一次的常規宗教生活。於是，有了《皈依共修儀軌》，配合《儀軌》的弘揚，才有了這本《皈依修學手冊》。

我真誠希望，每位佛子都能以弘揚皈依為己任，也希望每個道場都能舉行一週一次的「皈依共修」，使所有信眾過上常規的宗教生活。藉由共修這一殊勝因緣，不斷加強並深化對三寶的信心，念念與三寶相應，使皈依真正成為覺悟之旅的起點。由此出發，在菩提道上穩步前進，最終成就本具的三寶品質。

從住持三寶到自性三寶

三寶代表著佛法的一切。因此，整個修學都離不開對三寶的依止。學佛始於皈依，這是我們對三寶的宣誓和承諾。經由皈依佛、皈依法、皈依僧的特定儀式，跨入佛子行列。所以，皈依也是衡量是否佛教徒的基本標準。

若將皈依比作菩提之路的起點，其終點，便是成就與三寶無二無別的品質。遺憾的是，不少佛弟子對皈依的認識較為膚淺，甚至將一切寄託於儀式，似乎學佛已隨著儀式結束而圓滿完成，從此一勞永逸地享有諸佛加持，三寶庇護。須知，皈依絕非一次儀式所能涵蓋，而是貫穿整個成佛的修行。

其他宗教與佛教的重要區別在於，信仰上帝，上帝永遠是至高的主，信徒永遠是卑微的僕，這一關係是恆定不變的。而佛弟子雖以三寶為皈依處，但這種皈依是以成就自性三寶為目標。佛陀在菩提樹下悟道時即已發現：每個眾生都具足如來智慧德相，所謂「心、佛、眾生三無差別」。換言之，佛和眾生在顯現上雖有天壤之別，但在生命某個層面是無二無別的。

我們之所以是凡夫，乃現有生命品質使然，那就是貪、嗔、痴，就是無明、我執。但我們不必氣餒，在重重煩惱覆蓋下，還蘊含著無盡的生命寶藏，蘊含著與三寶同樣圓滿的慈悲和智慧，此為無上菩提之本。修行，正是為了開發自身潛在的這一品質。就像開發礦藏需從掌握勘測技術開始一樣，修習皈依，亦是從認識三寶功德開始，進而憶念、熟悉，方能與其相應，乃至最終成就。

憶念三寶的修行非常重要。我們時刻憶念什麼，心就會和什麼相應。每天憶念財富，心就和財富相應，從而尋找並實踐一切可能致富的機會；每天憶念感情，心就和感情相應，最終使之成為生命不可分割的一部分。同樣，不斷憶念三寶功德，便能使其在內心的分量逐漸加碼，激勵我們不斷開發自身本具的三寶功德。

學佛，是由認識到成就三寶品質的過程。三寶內涵精深，住持三寶之外，還有化相三寶、理體三寶、自性三寶等，從不同層面展現三寶的甚深含義。普通信眾學佛，往往執著住持三寶，卻忽略了理體三寶和自性三寶，不曾由表及裡地深入其中。若僅僅停留於對住持三寶的皈依，即使虔誠有加，學佛也難有進展。而有些人則走向另一個極端，認為自身已然是佛，無須皈依外在三寶。事實上，依止住持三寶是學佛不可或缺的環節。當我們處在凡夫心的層面，自性三寶早已被遮蔽，雖有若無。就像礦藏，需要特定技術開發、提煉，才能發揮作用。住持三寶，正是幫助我們認識並開發自性三寶不可缺少的方便。

如何通過對三寶的認識和皈依，成就生命的最高價值？

一、皈依佛

佛，梵語布達，意為覺悟者。所謂覺，乃相對凡夫的不覺而言。佛陀不僅自覺，更能引導眾生覺悟，眾德悉備，覺行圓滿。他所具備的無量功德，還反映在如來、應供、正遍知、明行足、善逝、世間解、無上士、調御丈夫、天人師、世尊十大名號中。

皈依佛，固然可以祈求佛力加被，但更重要的，是追隨佛陀的足跡，行佛所行，證佛所證，以此成就「本然自性天真佛」。

1．佛像

佛像，即佛陀造像，為住持三寶之一，象徵佛寶。關於佛像起源，據《增一阿含經》記載：釋尊在世時，曾往忉利天為母說法，三月未還，信徒優填王與波斯匿王思佛心切，各以牛頭栴檀與紫磨金塑佛形像供奉，見之如對佛前。

佛陀入滅後，佛像更成為神聖的象徵，為信徒瞻仰、禮拜、供養。佛教造像之首要目的，在於「令十方瞻仰慈容者，皆大歡喜，信受皈依，廣種善根，潛消惡念」。這種寓教於形的親切方式，使佛教得以從精神聖殿走向社會，向民眾傳達慈悲喜捨的內涵，示現彼岸淨土的境界。在所有佛教寺院中，不論南傳、漢傳還是藏傳，無不供奉著相好莊嚴的佛菩薩造像。雖然造型各異，體量有別，既有高哉偉哉的巨型塑像，也有不及盈寸的精雕細刻，但都體現了信徒心目中佛菩薩的慈悲形象。

那麼，佛像是否等同於佛陀真身呢？關於這個問題，禪宗「丹霞燒佛」的公案能給我們以啟發。丹霞禪師為唐代人，曾至洛東慧林寺掛單，因天寒而燒殿中木佛取暖。住持見之怒曰：因何燒佛？師云：燒取舍利。住持詫異：木佛何來舍利？師對曰：既無舍利，再取兩尊燒之。住持聞言有省。禪師所行，是為破除世人執相之弊，僅執土木造像為佛，卻不見自性真佛。當然，對於禪宗祖師為教化愚蒙而採用的特殊方式，我們切不可輕易仿效。

佛像雖非佛陀真身，但恭敬佛像卻是極為殊勝的修行方式，可以強化學人對三寶的皈依之心，為增上修行的重要助緣。若能將佛像視為佛陀真身而虔誠頂禮，油然而生神聖感和恭敬心，內心當下就能得到淨化。反之，僅僅將其視為藝術品，那麼，除欣賞或予人美感外，不會對心行產生任何震懾作用。面對佛像時，一樣會妄想紛飛，一樣會煩惱重重。因而某些人以為，對佛像的神聖化乃信徒迷信所至，甚而斥之為「偶像崇拜」。殊不知，這是佛弟子見賢思齊、淨化內心、開啟覺性的修行方式，意義深遠。故普賢十大願王中，即以「禮敬諸佛」為首，由禮敬而令心漸漸與之相應。

還應注意的是，在修行過程中不能停留於對佛像的執著。否則，我們將被外相所縛。從恭敬佛像到超越對相的執著，代表修行的不同層面，應次第而修，不可偏廢。

2・佛的色身

佛陀的色身，即誕生於兩千多年前，示現八相成道的本師釋迦牟尼，為化相三寶之一。佛陀本著救度有情的悲心化現人間，在娑婆世界說法度眾。由此，而有佛教在世間的流傳廣布。

佛的色身能否代表佛？對凡夫而言，見到某人形象，便意味著見到此人；說起某人，腦海中浮現的也是其形象。除此而外，難道還有什麼更具代表性的嗎？

佛陀具足三十二相，八十種好，見到這些相好莊嚴，是否等於見佛真身？世尊在《金剛經》中告訴我們：「若以三十二相觀如來者，轉輪聖王則是如來。須菩提白佛言：世尊！如我解佛所說義，不應以三十二相觀如來。」緊接著，世尊宣說了那個著名的偈頌：「若以色見我，以音聲求我，是人行邪道，不能見如來。」

佛陀色身亦為因緣和合的假相，是故，見到如來身相並不等於見到如來真身。據記載，佛陀當年從忉利天返回時，弟子們皆踴躍前去迎接。蓮華色尼為先睹佛顏，化身轉輪聖王列於隊前。不料佛陀卻道：「汝雖見吾色身，且不見吾法身。須菩提林中宴坐，卻見吾法身。」原來，眾人前去迎接佛陀時，須菩提謹記世尊「見法即見佛」的教誨，正觀緣起，悟入諸法空性，徹見如來法身。這也印證了佛陀在《金剛經》中反覆強調的「不可以身相見如來」，因為「凡所有相，皆是虛妄」。

如來以色身應世，目的是方便接引眾生；以音聲說法，目的是慈悲教化有情。若執著身相、音聲和言教，反而見不到如來真身。但我們要知道，色身固然非真，卻不可離此尋找如來。因為法身無所不在，並未離於色身，有智者同樣可以即色身體悟法身。

3．佛陀的品質

佛陀意為覺者，乃自覺、覺他、覺行圓滿的悟道者，故覺性為佛陀核心品質，即《壇經》所說的菩提自性。《壇經》開篇，六祖告眾曰：「菩提自性，本來清淨，但用此心，直了成佛。」開宗明義，直暢本懷。這是因為，佛陀的各種功德皆建立於覺性基礎上。正是覺的力量，使佛陀成就斷德、智德和悲德。

斷德亦名解脫，謂如來斷除一切煩惱惑業，淨除無餘。在無盡生命延續中，我們因無明造作種種業力，不斷流轉生死，輪迴受報；還因無明產生種種煩惱，時時顛倒妄想，沉淪苦海。人們不斷追逐外在享樂，試圖減少煩惱。但在這無常危脆的世間，一切有為法皆如夢幻泡影，無論財富還是地位，家庭還是親友，其作用皆是有漏而有限的，至多使煩惱得到暫時緩解，卻無法從源頭解決。怎樣根除煩惱？佛法告訴我們，生命內在本具對治煩惱的能力，即覺性。當它作用後，煩惱將自動化解。佛陀便是因為圓滿覺性而成就斷德，超越我法二執。所以，覺性和解脫是一體的。

智德即般若智慧，謂如來以平等慧照了一切諸法，圓融無礙。諸佛成就的阿耨多羅三藐三菩提，是至高無上的覺悟，故名一切智者。所謂一切智，包含如所有智和盡所有智。如所有智，即了知事物本質的智慧。盡所有智，即了知世間一切緣起現象差別的智慧。由成就差別智，而有度化眾生的無量方便。

悲德即圓滿大悲，謂如來乘大願力，救護眾生，有緣莫不蒙度。佛陀的慈悲是平等無別、無量無邊的，與凡夫的小慈小悲有著天壤之別。孟子云：「惻隱之心，人皆有之。」但凡夫的悲憫心極為有限，因為它是以狹隘的自我為基礎，只是關心我，我的家人，至多擴展至民族和國家。即使能心懷人類，也很難將這份關愛遍及所有眾生。而佛菩薩的慈悲是「無緣大慈，同體大悲」，將眾生和自己視為一體，沒有任何條件和親疏之別。所以能達到這一境界，也是覺性使然。佛陀已超越我法二執，證悟一切有情的平等性，故能本著清淨無染的悲願利益眾生，盡未來際，永不間斷。

覺與不覺，是佛與眾生的根本差別所在。正如《壇經》所說：「前念迷即眾生，後念悟即佛。」迷為眾生（不覺），悟即是佛（覺）。迷與悟並非截然對立的兩種生命形態，二者皆存在於我們現前的一念中。而煩惱與菩提的區別，也僅在於著境和離境之間，所謂「前念著境即煩惱，後念離境即菩提」。之所以會著境，還是因為不覺。當心黏著於境界並產生我法二執，煩惱就隨之生起。一旦覺悟現起，擺脫對境界的執著，當下就是菩提。佛陀正是因為開啟生命內在的覺性，而能圓滿大慈悲和大智慧，證悟大解脫和大自在。

4．禪宗的見地

覺性並非佛陀獨有，事實上，一切眾生皆完備無缺。佛教中，有大量經論論述眾生具備的這種覺性，尤其如來藏體系的經典。當然，各經論對覺性的表述略有不同，如《楞嚴經》名之為妙明真心，《涅槃經》名之為佛性，等等。在這些經論中，佛陀以種種說法，殷勤譬喻，啟發眾生認識並開啟自家寶藏。如《涅槃經》云：「一切眾生悉有佛性，以佛性故，眾生身中即有十力、三十二相、八十種好。」又如《大方等如來藏經》所云：「一切眾生貪欲、恚、痴諸煩惱中，有如來智、如來眼、如來身、結跏趺坐，儼然不動。」

生命蘊含無價之寶，我們卻在流浪乞討中度日，何其悲哀？所以，一些高起點的修行方法是直接引導學人認知覺性。如禪宗及藏傳佛教的大圓滿、大手印等，皆以如來藏為見地，認為眾生本具佛陀品質，以此作為修行的入手處。

相關開示，公案中比比皆是。慧海禪師參拜馬祖時，「祖曰：來此擬須何事？曰：來求佛法。祖曰：自家寶藏不顧，拋家散走作甚麼？我這裡一物也無，求甚麼佛法？珠遂作禮問：哪個是慧海自家寶藏？祖曰：即今問我者是汝寶藏，一切具足，更無欠少，使用自在，何假外求？」其後有人詢問慧海禪師：「如何是佛？」師答：「清潭對面，非佛而誰？」人人具足佛性，問題只在於我們是否認識，是否敢於擔當。所以，禪宗修行重視直下承擔。

《壇經》中，六祖惠能初見五祖時，便體現出這種捨我其誰的丈夫氣概。「祖問曰：汝何方人，欲求何物？惠能對曰：弟子是嶺南新州百姓，遠來禮師，惟求作佛，不求餘物。祖言：汝是嶺南人，又是獦獠，若為堪作佛？惠能曰：人雖有南北，佛性本無南北；獦獠身與和尚不同，佛性有何差別？」

在佛性層面，一切眾生等無有異，不論佛教徒還是基督徒，甚至蚊子、螞蟻，並不存在本質區別。只因業力和生命積累的不同，才有種種差別顯現。一旦開啟寶藏，證悟本自清淨、本不生滅、本自具足、本無動搖、能生萬法的覺性，生命便能完成質的飛躍。正如五祖對六祖所言：「不識本心，學法無益；若識自本心，見自本性，即名丈夫、天人師、佛。」

此外，《壇經》講到的三身、四智，也是依覺性成就。所謂三身，是以清淨法身為性，圓滿報身為智，千百億化身為行。所謂四智，分別是大圓鏡智、平等性智、妙觀察智、成所作智。所以說，覺性是佛法修行的立足點，也是佛陀成就一切功德的根本。正如六祖在《壇經》所言：「自性具三身，發明成四智。不離見聞緣，超然登佛地。」

同時，覺性具備化解一切煩惱的能力。教下的修行是以不同方式對治不同煩惱，但禪宗或大圓滿、大手印的修行，專以向上一著對治煩惱營中的千軍萬馬。事實上，一旦開啟覺性的作用，煩惱堡壘將自動化解。因為煩惱也是無自性的，當我法二執瓦解後，它就失去了依附對象，再無立足之地。

皈依，由住持三寶開始，從佛像、佛的色身至佛的品質，層層深入，最終認識與佛陀無二無別的覺性。《壇經》中，將自性三寶定義為覺、正、淨。皈依三寶，即皈依覺、正、淨。所以說，皈依及修學佛法的意義，就在於開啟生命本具的覺性。

二、皈依法

法，梵語達瑪。通常而言，法的內涵非常廣泛，包括山河大地，世間萬象。不過，這裡所說的法有著特定含義，那就是佛法，以此揭示有情生命的真相，提供斷惑證真的方法。所以說，唯有佛法才能作為生命的究竟皈依處。

佛法雖然博大精深，法門無量，但重點就在於心。倘若忽略這一重點，修學必然出現偏差。因此，學佛首先得了解自己的心，在這個前提下，才能真正明瞭修學的意義所在。

1．眾生心

生命的延續來自心的相續。佛法告訴我們，眾生心包含覺與不覺兩個層面，由此展開截然不同的人生。就簡單的二分法，世界有凡聖之別。因為覺，建立清淨的聖賢世界；因為不覺，建立雜染的凡夫世界。

凡夫所以不覺，正是無明所致。當覺性被無明遮蔽，心便處於黑暗和蒙昧中，看不清世間的緣起現象，看不清自己的本來面目。又因不明真相，而對之作出種種錯誤設定，並執著於此。其中，我執是最為顯著的一個錯誤。

「我」是誰？又是什麼代表著「我」？或許有人會說，我就是那個名為某某的人，那麼換個名字的話，「我」是否會發生改變？或許有人會說，我就是那個如此這般的身體，那麼當身體不曾出現時，「我」從何而來？當身體化為灰燼時，「我」又去向何方？或許還有人說，我就是我，難道是你不成？

那麼，為什麼不是你的那個，就是「我」呢？你我之間的鴻溝和界限又來自哪裡？

其實，這一切判斷都來自「我執」。所謂我執，即妄執有實在的自我。由此一念之迷而念念皆迷，以假為真，以幻為實，形成種種煩惱惑業。所以說，我執正是構成凡夫心的源頭。

2．迷亂人生的開展

無始以來，我們糾纏於我法二執構成的錯誤設定中，使之成為根深柢固的習慣，與生俱來的本能。由此無明不覺，而有妄想顛倒的人生，有種種迷亂的顯現，並於其上產生相關設定。進而對這些設定生起堅固執著，形成紛繁複雜的心理，引發無量無邊的煩惱。

比如這個茶杯，本身只是緣起假相，並無特定歸屬。但我們花錢買來之後，便將之添加一個設定，感覺這個茶杯是「我的」。此外，我們還會於其上黏貼其他標籤，或是覺得它精美，或是覺得它貴重，或是覺得它稀有，如是等等，使貪著不斷加深。事實上，無論什麼設定都不曾為茶杯增加什麼。對構成茶杯這一緣起現象的種種元素而言，不會因任何設定發生改變。

我們的心卻會因此受到影響。與其說這些設定是附加於茶杯的，莫如說，是在我們內心增加了一份牽掛。當自己損壞或丟失它時，會懊惱悔恨；當別人損壞或丟失它時，會嗔恨鬱悶。若茶杯只是商場的陳列品，我們也未生起占有欲時，其變化會使我們受到那麼大的影響嗎？世界各個地區，每天都有無數因天災人禍造成的損失，超過我們個人損失何止千萬倍，億萬倍。我們或許也為之嘆息，乃至一掬同情之淚，但很快就忘卻了。而一隻心愛的茶杯，卻會使我們念念不忘。原因何在？無非我執所致。

執著越深，干擾的力量就越大。曾經有位道行高深的碧峰禪師，禪定功夫了得，當他即將圓寂時，小鬼遍尋不著，後知禪師平生唯愛其缽，便搖動之。禪師聽得缽響，心神一亂，即刻出定察看，發現是小鬼作祟，不由心驚：一念貪愛，不但定中不安，還差點被逮個正著。他便將缽打碎，重新入定，並留下「若人欲拿金碧峰，除非鐵鏈鎖虛空；虛空若能鎖得住，再來拿我金碧峰」的偈頌。

無論是茶杯，還是房子、汽車，乃至我們的色身，都是緣起假相，並無我及我所。透徹這一點，心便如虛空般一無所住，執著自然無處生根。如此，就不會為物所累，為情所牽。縱然鐵鏈能鎖住種種有形之物，卻鎖不住無形的虛空。

我執還使我們產生自卑、自大等極端情緒。自卑，是因為將自我封閉起來，和外境構成對立的二元世界，這種自他對立的錯誤設定，就像以一己之力對壘全世界，使人倍感孤獨、沮喪。自大，則來自對我的強烈執著，將我的某個長處或自我假設的長處無限擴大，充斥原本狹隘、有限的心，再也無法容納他人。所以說，一切煩惱皆由我執的顛倒設定所引發。

此外，是對法的執著，即法執。世間有許多設定，只是為了幫助世人建立相對統一的規則和標準，便於彼此交流，本身並無實質可言。比如時間，是根據日月及地球的運動，才形成年、月、日的設定。但有了這種規範，有了對時間相的執著後，同樣會給人帶來煩惱。當我們等車時，那一小時的焦急等待，慢得讓人心煩意亂；當我們失眠時，那一夜的輾轉反側，長得似乎沒有盡頭。時間所以會對我們產生困擾，正是執著所致。當我們總在惦記著還剩多少時間，就會有焦慮、煎熬和期待。事實上，當心沒有時間概念時，時間是不存在的。當我們與摯友相會，同樣的一小時，有如白駒過隙，快得令人意猶未盡；當我們從沉睡中醒來，過去的幾個小時，好比一個瞬間，不曾在腦海留下任何痕跡。

以緣起的智慧審視世間，一切皆無自性。比如這把椅子，除了木頭、油漆、鐵釘外，哪有椅子存在？而椅子的種種差別，如高度、形狀、顏色及美醜，也不是客觀、絕對的存在。高，是相對的高；矮，也是相對的矮。所以說，椅子只是眾多條件決定的因緣假相，是我們在假相上安立的名稱。椅子如此，萬事萬物莫不如此。除了因緣假相和假名安立外，沒有不依賴條件而能獨立存在的事物，這正是佛教所說的無自性。

3・有情生命的相續

凡夫因為不覺，將無自性的世間萬象執為實有，由此製造種種煩惱。所以說，生命就是錯誤想法和混亂情緒的綜合體。這是凡夫生命的現狀，也是迫使有情流轉生死的力量。

這種不覺，將生命禁錮在自我構建的堅固牢籠中。人雖然生活在共同的空間，但又是活在各自的世界，各自的內心。我們的生命品質，就由這些想法、心態和情緒所決定。很多時候，我們就像被控制的傀儡，不能自主。當嗔心生起時，固然可以說：我討厭他，這是我的自由。問題是，這一情緒產生後，我們卻無法隨時停止，隨時放下這份嗔心。如果我們能夠自主，那麼，無論什麼情緒皆可召之即來，揮之即去。事實並非如此。所以常常聽人們說：我也不想生氣，就是做不到。那個讓我們不得自在的幕後主使，正是無明。

嗔心如此，貪心同樣如此。那些貪吃的人，也知道多吃無益，仍被欲望推動著吞食美味；那些抽菸的人，也知道損害健康，仍被菸癮折磨著繼續抽菸；那些當官的人，也知道受賄犯法，仍被貪婪左右著貪贓枉法。其實他們很可憐，因為把貪欲養得太大，最後只能受其驅使，有時是心甘情願，有時是茫然無知，有時是無力自拔。不僅內心無法自主，身體也不能自主。這樣的人生，何其不幸！

煩惱不是天上掉下來的，其根源就在我們的心。心態不正的話，即使閉門不出，也會想出無量煩惱。現代流行心理治療，但這種治療只能對患者加以疏導，使問題得以緩解。若觀念未能改變，復發是遲早的事。在究竟解脫之前，我們都是不自由的。社會所能提供的外在自由非常有限，即使在最民主的社會，若不曾解脫煩惱束縛，生命根本談不上自由。

無始劫來，我們被無明和由此造作的業力推動著，過去無力自主，現在仍無力自主，只能茫然地繼續輪迴。這一生命現狀的根源，就是無明。所以十二因緣的第一支就是無明，由無明緣行、行緣識、識緣名色、名色緣六入、六入緣觸、觸緣受、受緣愛、愛緣取、取緣有、有緣生、生緣老死。生命不息，煩惱不止。

4．法的作用

但我們要知道，即使在如此顛倒狂亂的表象下，心仍具足明空不二的層面。只是被無明遮蔽，以我法二執的畸形方式呈現出來，形成現有的凡夫心。修行所做的，就是解除生命的扭曲現狀，恢復本然、覺悟的狀態。

佛法，正是這項生命改造工程的最佳指南。我們首先要依法樹立正知正見，以此瓦解我執，破迷開悟。當然，見有深淺不同，包括聞思正見和心行正見。對於多數初學者來說，應從聞思正見入手，以佛法觀點重新審視世界，逐步扭轉原有的錯誤觀念。但僅僅明白道理還不夠，更應將之落實於心行。否則的話，雖然懂得一切皆無自性，懂得我執為衰損之門。一旦落入現實，仍會被習慣左右，不由自主地無明起來，覺得那個椅子實實在在，且永遠歸我所有。因為執著有著多生累劫積聚的巨大力量，只是泛泛懂得一些道理，沒有修行體證，仍會在原有慣性中迷失方向。

所以，見還要與行相結合。以見指導行，又以行鞏固見。佛陀為我們指出的八正道中，除正見外，更輔以正思惟、正語、正業、正命、正精進、正念和正定，以此調整身心，對現有的混亂情緒加以規範、清理、控制和化解，恢復生命本具的清淨品質。

5．教下的漸修之路

眾生宿世因緣不同，今生根機有別，故佛陀應機設教，善巧接引。其後，祖師大德又依不同典籍建構修學體系，僅漢傳佛教即有八大宗派。其中，又分教下、宗門兩支，代表漸進和頓悟的修行方式。

教下的修行，是從不覺的妄心入手，依戒、定、慧三無漏學逐漸解除妄流，契入空性，開發覺性。

戒是佛弟子的行為標準，包括五戒、八戒、沙彌戒和具足戒等，以此防非止惡，收攝身心。如果說法律是依靠執政機關來行使職責的話，那麼戒又是依靠什麼產生作用的呢？一是靠發心持戒的意願，一是靠由佛陀及歷代祖師代代傳承的戒體力量。

佛陀制戒，目的是幫助弟子止息不良行為。所以，每條戒都是針對凡夫的不善行而制定。就居士五戒而言，雖然只有不殺生、不偷盜、不邪淫、不妄語、不飲酒五條，卻基本涵蓋了一切犯罪行為。從古至今，人類所有罪惡都不出殺、盜、淫、妄的範疇。止息這些惡行，就止息了貪、嗔、痴三毒的相續。追根溯源，又可歸於無明。由一念不覺，而有無量煩惱、種種惡行。經論中，常將生命比作相似相續的無盡瀑流。凡夫的生命，便是不良心態的相續，呈現出扭曲的生命狀態。

我們不僅要止息生命內在的不善相續，還要使之進入善的、健康的相續。就像久病的患者，積極治療的同時，還應強身健體，唯有增強自身免疫力，才能抵禦疾病的再次襲擊。在菩薩戒中，除攝律儀戒外，還包括攝善法戒和饒益有情戒。在止惡的前提下，進一步修習善行、利益大眾，啟動生命的正面力量，為得定發慧營造如法的心靈環境。

定即止心一處，安住於善所緣。我們的心由無數混亂情緒和錯誤想法構成，飄忽不定，隨境而轉。看到悅意的就起貪心，看到討厭的則起嗔心。這些貪嗔之心，就像神出鬼沒的敵人，常在尚未發覺時，就將我們捕獲。無力反擊者，只有供其驅使。

定的修行，是幫助我們將心止於善所緣境。其中，包括有所止和無所止。有所止，是在修定過程中將心安住於某個對象。雖然任何對象都可使心安住，但在佛法修行中，修定為發慧的前導，故應選擇相應的善所緣境，既不會引發負面情緒，又有助智慧開啟。比如念佛，佛號就是對象；數息觀，呼吸就是對象。當這種正面力量逐漸壯大之後，心會長時間安住在佛號或呼吸上。相應的，其他情緒構成的干擾將越來越小。就像同樣力量的一拳，落在嬰兒身上足以致命，落在巨人身上卻輕如鴻毛。所以說，定能使我們的內心如如不動，不被外境所轉。

無所止，即沒有止的對象，直接安住於心的本質。更準確地說，就是心無所住。禪宗和大圓滿的修行都採用此法，詳細內容將在「《壇經》的頓修之路」中繼續介紹。或許有人會說，既有如此直截了當的妙法，何苦捨近求遠，歷經三大阿僧祇劫的漸次修行？須知，對一般人而言，無所止的修行，好比蚊子叮鐵牛，了無下嘴處。若無明眼師長指點迷津，蹉跎時光還算幸運，只怕墮於狂禪乃至著魔，後果不堪設想。莫如老老實實、穩紮穩打地前進，是謂「慢慢修來快快到，低處修來高處到」。

不論有所止還是無所止，都是為了幫助我們從生命的迷亂相續中超脫出來。通過訓練，使內心初步穩定，轉變以往隨波逐流、向煩惱妥協的被動狀態。此為開啟覺性的必要前提。

修定的意義是引發般若智慧。那麼，定能否直接產生智慧呢？答案是否定的。修習四禪八定的外道甚多，卻不能因此解脫。可見，由定發慧並非自然過度。尤其是有所止的定，若始終安住於所緣對象，是無法契入空性、通達真理的。必須擺脫能執和所執，待迴脫根塵、能所雙亡時，般若智慧才會朗然顯現。定的作用，是幫助我們將混亂的相續平息下來，就像波瀾不起的靜止水面，才能明晰地照見萬物。所以，定是發慧的基本條件，慧卻不是修定的必然結果。

此外，還須具備兩個前提。其一，由聞思經教樹立正見。佛教中，關於正見的理論極為豐富，尤其是漢傳佛教，唯識、中觀、天台、華嚴各宗皆有深厚的理論體系，皓首窮經亦難盡知。但我們無須產生畏難情緒，事實上，對修行來說，掌握一種相應的正見便足矣。或依無常見，或依無我見，或依唯識的中道見，或依中觀的空性見，都能幫助我們解除我法二執，契入空性。這部分內容，正是佛法不共世間外道的殊勝所在。

其二，有善知識指導，引領我們契入心的本質。心靈世界異常複雜，好比厚達千萬頁的書，而我們尋找的只是其中一頁。學習經教，正是幫助我們了解這一頁的內容、特徵和尋找方法。若不具備相關知識，即使每天把書翻個不停，即使僥倖翻到所需之處，又如何辨別並確認？這就需要善知識印證。最重要的是，依止善知識能幫助我們調整方向，避免歧途。心靈世界非常奇妙，常常是，你想像空性是什麼，它就會變現相應的境界來誘惑你，試圖把你抓住。面對修行途中變幻莫測的風雲，善知識就如識途老馬，能將我們帶上正確路線。

6．《壇經》的頓修之路

與教下的漸次修行不同，禪宗是立足於覺性來體證，引導學人直接契入空性，是頓修頓悟之道。在此，依《壇經》簡要介紹禪宗的用心方法。

學佛首先要皈依。《壇經》的皈依，直接從自性三寶入手，以佛為覺義、法為正義、僧為淨義。關於自性三寶的修習與成就，六祖告誡弟子：「自心皈依覺，邪迷不生，少欲知足，能離財色，名兩足尊。自心皈依正，念念無邪見，以無邪見故，即無人我、貢高、貪愛、執著，名離欲尊。自心皈依淨，一切塵勞、愛欲境界，自性皆不染著，名眾中尊。」依覺性建立自性三寶並安住於此，時時保持不迷、不邪、不染，則能成就自性三寶。

關於戒定慧的修習，《壇經》亦與教下不同。在六祖的開示中，定慧是一體的，並無分別。六祖說：「我此法門，以定慧為本。大眾勿迷，言定慧別。定慧一體，不是二。定是慧體，慧是定用。即慧之時定在慧，即定之時慧在定。若識此義，即是定慧等學。」依覺性的不同功用安立定慧，定慧自然是不二的。倘能安住於覺性，則如如不動，不受外境干擾，所謂以定為慧體。聲聞乘所修的定，對環境要求較高；而禪宗所修的定，於行住坐臥中念念不離覺性，無論座上座下，皆能知分別而離分別，不隨外境左右。

覺性本是不動、不亂的，卻非木石般一無所知。相反，覺性具有遍知的作用。所以，諸佛菩薩不必起心動念即知法界一切，因為他們的心與萬物同在且安住不動，故能朗照一切，更無遺餘。而凡夫心處於染汙的意識狀態中，有對象，有局限，當執著某一特定境界時，就一葉蔽目，不知其餘了。

此外，《壇經》還以無念、無相、無住為三大用心要領：「我此法門，從上以來，先立無念為宗，無相為體，無住為本。無相者，於相而離相；無念者，於念而無念；無住者，人之本性，於世間善惡好醜，乃至冤之與親、言語觸刺欺爭之時，並將為空，不思酬害，念念之中，不思前境。若前念、今念、後念，念念相續不斷，名為繫縛。於諸法上，念念不住，即無縛也。此是以無住為本。」

關於無相為體，六祖的開示是：「外離一切相，名為無相。能離於相，即法體清淨，此是以無相為體。」心的體沒有任何相狀。椅子是有相的，房子是有相的，我們的心卻如虛空般無形無相。平日，我們總在訴說各種心情：或云開心，或云心痛，或云心想，等等。但心究竟是什麼？當我們返觀自照，無法找到絲毫蹤跡。所謂覓心了不可得。

無念為宗的念，即念頭，也是心的造作。《壇經》云：「於諸境上心不染，曰無念。於自念上常離諸境，不於境上生心。若只百物不思，念盡除卻，一念絕即死，別處受生，是為大錯。」無念，表面看似乎是排除起心動念，心不造作。事實上，禪宗修行並不排除起心動念，更不會追求單純的無思無念的境界。它是念而無念，在起心動念的當下，明明白白，卻不陷入其中。換言之，通過念契入無念的心體，安住於無念又不妨起心動念。

無住為本的住，即執著、住相。儘管搬柴運水，行住坐臥，心卻不能黏於境界。所以禪師的吃飯睡覺，與我們的吃飯睡覺有本質區別。凡夫已習慣住相，起心動念必會抓住某個對象，陷入其中。禪師卻能於日用中保有觀照，所謂「三餐吃飯，不曾咬一粒米」。這不是說，他吃得什麼味道都沒有，那就與木石、痴漢無異了。許多人誤解禪宗的不分別，以為是一概不知。事實並非如此，無住的關鍵，乃知分別而不執著。雖知好知壞，知冷知暖，卻無絲毫染著，更不會將好惡情緒帶動起來。了了分明，一無所染。無住的修行也是《金剛經》一再強調的。經云：「菩薩布施應不住色生心，不住聲、香、味、觸、法生心，應無所住而生其心。若心有住，即為非住。」做任何事，乃至修利他行，皆不應有所執著，這就必須啟動覺性的作用，否則是很難做到不住的。

《壇經》中，六祖還為我們開示了一行三昧的修行。何為一行三昧？即時時保持直心、平常心。《壇經》云：「一行三昧者，於一切處，行、住、坐、臥，常行一直心是也。《淨名經》云：『直心是道場，直心是淨土。』莫心行諂曲，口但說直，口說一行三昧，不行直心；但行直心，於一切法勿有執著。迷人著法相，執一行三昧。直言常坐不動，妄不起心，即是一行三昧。作此解者，即同無情，卻是障道因緣。」何謂直心？是讓心從慣常的扭曲狀態中解放出來。何謂平常心？並非平日那顆動蕩不安的心。若將之妄作平常心，無疑自欺欺人。平常心，是指本然的、沒有任何造作的心。

由此可見，宗門和教下所以會有頓漸之別，關鍵在於見地和修行方法不同。教下的修行是從妄心入手，通過戒定慧逐漸瓦解凡夫心，契入空性。宗門則直接立足於覺性，由認識並開發覺性，圓滿無上佛果。在契入覺性的方法上，宗門和教下有直入和漸修的不同，故歷來將宗門稱為頓修之道。

7．頓修法門的思考

禪宗的入手處極高，一旦契入，直接簡明，效果顯著。正因為起點過高，故對行人根機及師長要求也不同尋常。在歷經「一花開五葉」的極度昌盛後，禪門法將凋零，逐漸式微。在今天看來，未免有些高處不勝寒的寂寥。那麼，問題何在？

禪宗標識不立文字，教外別傳，這點常被後人作為不學經教的擋箭牌。事實上，若沒有正見為擇法眼，在認識覺性的問題上可能會很模糊，甚至將那些被意識包裝、改造過的我法二執當作覺性。心的功能極其強大，你想像覺性是什麼，它就會化現相應的境界誘惑你，使你進入自我製造的心理狀態中。其實，那些和空性了不相干。唯有具足正見，才能準確辨別修行過程中出現的各種境界，不為所惑。

隋唐時期，禪宗之所以不特別重視經教、強調聞思，有自身的時代背景。一則，當時教理發達，學人普遍程度較高，對修行來說，知見已然夠用，無須再下太大功夫，可將精力集中於證法上。二則，當時大德輩出，學人即使在見上弱一點，有善知識在一旁耳提面命，修行也不致出現太大偏差。

但對今人而言，若無善知識引導，又缺乏正見，在禪堂坐著修什麼？究竟會走向哪裡？就我看到及了解的情況，實在不容樂觀。因為內心世界太複雜了，說是處處陷阱也不為過。若無明師把手指點，最好選擇更穩妥、安全的修行方式，以免蹉跎時光，甚至著魔發狂。

此外，還應重視基礎建設。唐宋之後，禪宗每下愈況，衍生種種狂禪、野狐禪、文字禪、口頭禪，甚至成為文人附庸風雅的玄談素材。一代聖教淪落至此，令人不忍。在多年修學中，我深深意識到，佛法修行有一些繞不開的共同基礎。除了前面所說的聞思正見外，還有皈依、發心和戒律。若想繞開這些尋找捷徑，只能是南轅北轍，越走越遠。

尤其是禪宗這種高層次的修行，更需奠定基礎。否則，心行必定無法相應。對今天的很多人來說，見性似乎天邊雲彩，遙不可及。事實上，見性未必那麼神祕，那麼艱難。因為見性所見的那個層面，是我們本自具足的，如果方法正確，在現有心行上是可以觸及的。當然，這需要因緣具足，有相應的基礎和積累，不是隨便說一下即可見道的。

另一方面，禪宗修行有如劍走偏鋒。如《壇經》，見地及修行手段皆凌厲迅捷，仰之彌高。但作為菩提道的修行，並不是完整的建構。作為大乘行者，除見性外，還須發菩提心、行菩薩道，以此成就大悲，圓滿佛陀具備的悲、智二德。

由此可見，學禪、修禪皆離不開經教，離不開悲智雙運的大乘發心，離不開佛法的基礎建設，否則很可能出偏或成空中樓閣。我個人在修學中，也是將教下和宗門結合起來。其實，教本服務於宗，宗也離不開教。當年，達摩祖師東來，以四卷《楞伽》印心。至四祖、五祖後，逐漸將重點轉至《金剛經》。除此而外，禪門更有多達百卷的《禪宗全集》，比教下各宗有過之而無不及。所以說，禪宗雖標識不立文字，但祖師們仍很重視經教對修學的指導作用，所謂「藉教悟宗」。這一傳統，值得今天的學人認真思考，繼承光大。

三、皈依僧

僧，梵語僧伽，包括凡夫僧和賢聖僧。僧寶不僅是人天導師，更是擔當如來家業的棟梁，是正法久住的象徵。沒有僧團，也就沒有佛法在世間的流傳。

皈依僧，是以賢聖僧具備的品質為究竟皈依處，那就是無漏慧和解脫德。但在事相上，這種皈依也離不開凡夫僧。比如我們發心皈依，若無因緣得遇聖賢，是否一等再等，不惜錯失今生呢？須知，我們皈依的是十方三世一切僧寶，而不是某個僧人、某位師父。不僅如此，還要以佛、法、僧作為完整的皈依對象，不可稍有偏廢。

當然，皈依一切僧寶，並不等於親近所有出家人。現實中的僧眾，往往良莠不齊。對於修學者而言，必須有選擇地親近善知識。不論《阿含經》，還是大乘經典，都再再強調善知識的重要性。所以皈依僧的重點，是選擇具德善知識，以之作為修行依止。

1．善知識的選擇

善知識，為具足正見、德才兼備，能引導眾生斷惡修善、趣向佛道的良師益友，又稱善友、勝友。《華嚴經》中，著名的「善財童子五十三參」，即為依止善知識的典範。那麼，又該如何尋找善知識？經論中為我們提供了很多標準。

在宗喀巴大師總結的擇師十條件中，標準為：調伏，與戒相應者；寂靜，與定相應者；惑除，與慧相應、伏斷煩惱者；德增，戒定慧具，不缺不減者；有勇，益他無畏倦者；經富，有多聞者；覺真，有實義者；善說，不顛倒者；悲深，無希求者；離退，於一切時恭敬說者。

具足這些功德，方可作為眾生依止。但在今天這個末法時代，很難值遇十德善知識，即使有幸遇到，也往往因這樣那樣的障礙無法常隨左右。而修學又不能沒有善知識引領，所以在因緣不足的情況下，不妨先依止具有少分功德的善知識。在此，和大家簡單談三點，這是善知識必須具備的基本條件。換言之，是作為善知識的底線。若這幾點尚未具足，千萬要謹慎對待，不可盲目依止。

這三個基本條件，分別是持戒清淨、具足正見和有慈悲心。其中，又以具足正見最為關鍵，此為修行核心，亦是佛法與其他宗教的不共所在。正如佛陀於《圓覺經》所言：「末世眾生將發大心，求善知識，欲修行者，當求一切正知見人，心不住相，不著聲聞緣覺境界，雖現塵勞，心恆清淨，示有諸過，讚歎梵行，不令眾生入不律儀。求如是人，即得成就阿耨多羅三藐三菩提。」由此可見，正見為根本中的根本。倘若見地不正，只能以盲導盲，遑論解脫？

2．善知識的作用

在大小乘經論中，佛陀時常讚歎善知識的重要性。《根本說一切有部毗奈耶雜事》記載：「阿難陀言：諸修行者由善友力方能成辦。得善友故，遠離惡友，以是義故，方知善友是半梵行。佛言：阿難陀，勿作是言，善知識者是半梵行。何以故？善知識者是全梵行，由此便能離惡知識，不造諸惡，常修眾善，純一清白，具足圓滿梵行之相。由是因緣，若得善伴與其同住，乃至涅槃，事無不辦，故名全梵行。」告訴我們：由親近善知識，而能遠離惡友，不再造作惡行，時時修習善行。所以說，依止善知識意義重大，為全梵行，是圓滿一切修行的保障。

《壇經》中，也多處標明善知識的作用：「菩提般若之智，世人本自有之，只緣心迷，不能自悟，須假大善知識，示導見性。」又道：「若自不悟，須覓大善知識，解最上乘法者，直示正路。是善知識有大因緣，所謂化導令得見性，一切善法因善知識能發起故。三世諸佛、十二部經，在人性中本自具有，不能自悟，須求善知識指示方見。」雖然世人本具菩提之智，卻身陷迷夢，無法認識本心。唯有真正見性的善知識，才能引導我們開顯最上乘法，直入自性。唯有了知修行途中所有激流暗礁的明眼人，才能幫助我們避開重重陷阱，順利前進。若他自己尚且在黑暗中摸來摸去，雖也能從不同層面給我們以幫助，卻不能解決根本問題。因而《壇經》所說的善知識，必須是見性的明眼人，才能指示我們契入本心。

翻開禪宗歷史，千里尋師、捨身求法的記載比比皆是，並留下許多禪林用語，沿用至今。如「雲水」、「行腳」，皆指覓師求道的出家人，為求訪明師而跋涉山川，參訪各地。宗門公案中，更屢屢出現善知識觀機逗教、因人說法的生動故事。在祖師座下，往往只須三言兩語，即令求法者契入本心。除此而外，更有各種超越常規的特殊手段，如臨濟喝、雲門餅、趙州茶、德山棒等，皆為宗師點撥弟子的善巧。當然我們也要知道，公案只記載了開悟的高潮部分，學人所以能言下開悟，徹見本心，還離不開之前的積累。這種內因和外緣的結合，才碰撞出豁然開朗的剎那，切不可生搬硬套，盲目仿效。

3．依止善知識的條件

選擇善知識，固然需要相應的標準。而作為學法者來說，成為具格弟子，同樣要達到一定要求。否則，即使有緣得遇善知識，也所獲無多，甚至因不懂依止而造作惡業。

如果說，具足戒行、正見和慈悲是作為善知識的底線，那麼，印順法師在《成佛之道》中總結的「觀德莫觀失，隨順莫違逆」，則可視為依止善知識的底線。尤其「觀德莫觀失」，是對學人信心的重要考核。凡夫心是染汙的，由此染汙的凡夫心，所見難免出現偏差，乃至根本顛倒。所以，一旦通過觀察抉擇確定依止師後，切勿再以凡夫心妄加分別。

凡夫處處由我出發，執著於我的認識、我的想法、我的見解。若不放下這些障礙，所學佛法往往被自我加工而變質。對善知識的依止，更要放下「我」的好惡情見。否則的話，善知識的嚴格，會被我們當作苛刻；善知識的慈悲，會被我們視為放任。常常是，我們在心中預設了關於善知識的各種想像，一旦現實與之不符，便立刻依我見而非佛法作出判斷，產生懷疑乃至退轉。

曾經有人依止某禪師學法。一日，禪師不小心坐到針上，便「哎喲」一聲跳將起來。學人信心頓失，認定禪師尚未開悟，否則怎會對一根針作出如此反應呢？禪師知其棄師而去，嘆道：這個可憐蟲，要知道，不僅是我，連針和這聲「唉喲」都不是真實存在的啊。這個故事生動而發人深省，作為初學者，想必也會遭遇和那位學人同樣的懷疑。問題是，我們如何對待這一切，如何不讓這份懷疑演變為衝動和錯誤？

佛法雖然強調智慧，突出自力，但同樣離不開信心這一重要助緣，所謂「信為道源功德母」。越高的法門，信心越發重要。如果對善知識缺乏信心，就不能承擔大法。佛法甚深微妙，但又極其平常。真正見性未必是我們想像得那麼神奇，不是見到就會放光動地。剛見到時，它往往是很平常的，這就需要以信來接受。然後在師長指導下逐漸熟悉心性，逐漸開發心的威力。若未曾對善知識生起信心，本身就不是合格的法器，又如何盛載清淨的甘露法雨？

皈依僧寶雖是以整個僧團為對象，但從修行而言，還應落實到對善知識的依止。當我們選擇並確定善知識後，必須對之生起清淨無染的信心。唯有這樣，才能在善知識的指導下認識本來，找到開啟覺性的入處。最終，成就覺而不迷、正而不邪、淨而不染的生命品質。

四、結束語

今天，從「認識住持三寶到自性三寶」為大家作了介紹。皈依三寶的最終目的，是為了成就自性三寶，但這離不開外在的住持三寶。本次夏令營主題是「《壇經》與人生佛教」，為此，我重新學習了《壇經》，將這樣一些想法貢獻給大家，希望對各位修學有所啟發。

如何建立信仰

如何建立信仰，是弘法中經常涉及的主題。早在二〇〇〇年，我曾參加有關訪談，後整理為《當代宗教信仰問題的思考》。自二〇〇四年以來，我又多次圍繞「皈依」舉辦講座，後整理為《皈依修學手冊》。與此同時，還編寫了《皈依共修儀軌》，並在各地推廣，希望為佛弟子們營造常規的宗教生活，以此強化信仰，增進道心。從宣講法義到宣導共修，是將信仰建設從理論落地為實踐的過程。可以說，這是我修學、弘法中的一次轉折，也是其後一系列思考，包括架構三級修學的基礎。

為什麼漢傳佛教在宋元之後日漸衰落？關鍵就在於，缺乏一套簡明而行之有效的大眾化修學體系。宗派越來越龐雜，理論越來越繁複，與此對應的，則是明眼師長越來越少，學人根機越來越鈍。如何解決這一困境？必須從基礎建設抓起。

佛教雖然有八萬四千法門，但究其核心，離不開皈依、發心、戒律、正見、止觀五大要素。其中，皈依是佛法的根本，發心是修學的根本，戒律是僧團的根本，正見和止觀是解脫的根本。對皈依的正確認識，如法的皈依儀式，及皈依後的次第修學，不僅是我們走入佛門的前提，也是佛教健康傳播的保障。所以，凡是準備皈依，或皈依後不知如何開始的修學者，建議學一學《皈依修學手冊》。其中，從皈依之因到認識三寶，從如何皈依到皈依的正行，從皈依的學處到利益，最後是如何修習皈依，應該是漢傳佛教中對「皈依」講解最為詳盡的一本書。

沒有皈依為基礎，修學是難以為繼的。萬丈高樓平地起。就像蓋一棟高樓，必須從地基開始。樓越高，地基就越重要，否則將埋下坍塌的隱患。在我們宣導的三級修學模式中，也把認識皈依作為重要的修學內容，把皈依共修作為日常定課。因為皈依不是一次儀式就完成的，而是貫穿著整個成佛的修行。從這個意義上說，任何法門都離不開念佛、念法、念僧。

除了皈依，我還專門講過《佛教徒的信仰》，對佛教是有神還是無神、佛教徒到底應該信什麼、不信什麼等問題作了釐清。為什麼現在繼續圍繞「信仰」這一主題開講呢？最近，我應邀在「中國佛教講經交流會」擔任評委。本次交流會的主題之一，是根據一部經典，探討佛教徒應該「如何建立信仰」，不少參講法師選擇了這個內容。

作為交流會的評委，需要對這些講解加以點評。我就此提出一個思路，從「人類是否需要信仰」切入，到如何建立、防護、提升這一信仰。我覺得，這些問題特別值得思考。否則，我們在選擇信仰的過程中，往往迷茫困惑，患得患失；有了信仰之後，依然心無所住，游移不定。正因為如此，雖然信佛者逐年增多，社會對佛法的需求也日益增長，卻沒有改變整個教界信仰淡化的趨勢。也就是說，這些皈依和修學總體上是有數量而無品質的。

怎樣才能扭轉這一狀況？就要從選擇信仰開始，每一步，都讓學人知其然而知其所以然——知道該怎麼做，也知道為什麼這麼做。只有經過思考，才能讓信仰真正扎根心田。以下，我就從這個思路和大家分享。

一、人類需要宗教信仰嗎？

之所以提出這個問題，是因為不少人覺得宗教信仰可有可無，並非人生之必須。在我們過去的印象中，宗教往往是遭遇挫折時的支撐，老來無事後的寄託，孤獨無依者的慰藉……總之，是弱者才需要的。近年來，隨著各路顯貴的追捧，信佛（包括戴念珠）又成了一種時尚標籤，一項特殊消費，甚至被調侃為「新四大俗」。這兩種極端所體現的傲慢與偏見，都和人們對信仰的認知不足有關。

這就必須了解宗教信仰的內涵，知道它究竟要解決什麼，又能給我們帶來什麼。由此才能確定：自己是真的需要信仰，還是盲目跟風而已。

1．宗教信仰解決什麼

社會上各行各業都有不同的解決領域，比如農業是解決吃飯問題，商業是解決交易問題，工業則涉及衣食住行等方方面面，本身又包含多種行業。那麼，宗教信仰是解決什麼的呢？

人類的問題雖然形形色色，但歸納起來無非兩類：一是生存層面的，二是精神層面的。對於生存問題，我們可以通過努力工作或科學技術等手段來解決，並在滿足基本生存後，不斷提高生活品質。至於精神問題，固然可以在藝術、哲學等領域找到寄託，但上升到人類永恆的困惑，必然要涉及宗教信仰。

從三千年前古希臘哲人提出的「認識你自己」，到婆羅門教的「梵我一如」，到畫家高更在十九世紀末創作的《我們從哪裡來？我們是什麼？我們往哪裡去》，無不代表著人類千百年來對生命真相的探尋。對於這幅西方美術史上的名作，畫家認為：「其意義遠遠超過所有以前的作品，我再也畫不出更好的、有同樣價值的畫了。在我臨終以前，我已把自己的全部精力都投入這幅畫中。」這是高更的終極追問，也是我們每個人必須面對的。

生從何來，死往何去？我們不知道生命的起源——在父母未生前，這個「我」就不存在嗎？也不知道未來的歸宿——在死亡到來後，這個「我」又將去向何方？我們生活在這個世界，不論富甲天下還是一貧如洗，不論位高權重還是身處底層，最終都會隨著死亡歸零。除了外在的一切，生命就全然終結了嗎？它的歸宿究竟在哪裡？當年，貴為王子的佛陀，正是因為看到老病死之苦，才發現青春、美貌、榮華富貴的虛幻。當老病死降臨時，沒有什麼可以依賴，可以幫得上忙。

除了生和死，人為什麼活著？生命的意義是什麼？我們每天工作、持家，在滿足生存的同時，也在推動科技發展，改善物質生活。雖然這些都能給生活帶來方便和暫時的滿足，但從究竟意義來說，一切都會成為過去。如果把人生意義建立在物質文明的基礎上，當物質文明毀於一旦，它們所承載的意義，是否會因無處安放而隨之消失？或者說，一切的意義終將指向沒有意義？

說到活著的意義，離不開對自我的認識。每個人都關注自己，在乎自己，但究竟什麼代表著「我」？當科學飛速發展，人們能夠上天入海、不斷拓新視野之際，反而越來越找不到自己了。我們能從太空回望地球，卻無法在當下看清自己，看清生命真相。

此外，世界的本質是什麼？由什麼力量主導？遵循什麼規律運轉？所有這些問題，哲學家在思索，但莫衷一是；科學家在探尋，但不斷修正和更新答案，尚無定論。或許有人會覺得，這些都是形而上的問題，和現實生活關係不大，也不是我們需要關心的。事實上，我們怎麼認識自己，認識生命，認識世界，直接關係到我們會建立什麼樣的人生觀、世界觀和價值觀，關係到我們怎麼看待和處理各種對境，也關係到我們會有什麼樣的生命品質。

生活中，面對同樣的問題，人們會有不同的認識和處理方法。比如遭遇挫折，有人說「塞翁失馬，焉知非福」，安然接納；有人說「失敗是成功之母」，再接再厲；也有人憤慨「為什麼上天如此不公」，怨氣沖天；更有人以為「都是命，做什麼都沒用」，從此一蹶不振。為什麼會這樣？就取決於各自的人生觀、世界觀和價值觀。

怎麼看待問題，決定了這些問題會對我們產生什麼影響，而不是通常認為的，僅僅取決於外境。所以說，三觀並不是形而上的概念，而是關係到生活的方方面面。包括人生道路的選擇，也包括衣食住行的品質。

雖然我們時時都在運用三觀，但這恰恰是現行教育中最為缺乏的。為什麼很多人沒有道德底線，缺乏做人準則？為什麼內心充滿焦躁和戾氣？原因固然很多，但究其根源，也在於三觀混亂，在於對終極問題的模糊。不知道「我是誰」，就不會有正確的人生觀，而是「今朝有酒今朝醉」，只顧眼前，不管未來；不知道「活著的意義」，就不會有正確的價值觀，而是「人不為己天誅地滅」，只想自己，不管他人；不知道「世界的真相」，就不會有正確的世界觀，而是「我死後哪管他洪水滔天」，只看局部，不管整體。

可見，從確立三觀到為人處世，乃至整個社會的道德建設，都是由生命終極問題派生的。這種對終極問題的探索，為我們帶來了「生命的全域觀」。只有站在這個高度，才知道孰輕孰重，知道如何選擇。因為你看到的不只是眼前，還有過去和未來；你看到的不只是自己，還有和你息息相關的眾生及山河大地。否則的話，我們的所見所思往往局限於眼前，結果必然是目光短淺，顧此失彼。

我經常說，佛教對世界和人類的作用是普世性的。因為生命固然有個體差異，但只要你不願像動物那樣活著，都將面對同樣的困惑，同樣的終極問題。佛教的普世價值就在於，通過對心性的了悟，從根本上解除生命的迷惑，這是任何學科無法做到的。從這個意義而言，每個人都需要佛法，否則就找不到生命的出路。

而在現實層面，包括如何看待財富、環保、幸福、成功、道德等問題，佛法都可以提供智慧的思考。這些指導並非就事論事的簡單規則，而是立足於心性改造，針對不同根機和需求設置的。比如佛教的財富觀，對人天乘、聲聞乘和菩薩乘學人提出了不同要求。既能讓人根據現有根機做起來，不致因為起點太高而無從入手；又讓人看到未來的提升空間在哪裡，不會始終停留在目前的水準。這種指導是善巧、圓融而慈悲的，不僅對我們的現在和未來都有利益，對個人和眾生也都有利益。

總之，信仰首先是解決人類的永恆困惑，其次是解決世間的現實問題。只要你希望找到生命真相，就離不開宗教信仰。或許有人會說，我不覺得自己有什麼困惑，也不需要知道什麼真相。事實上，那只是你的麻木或刻意遮罩。因為這些問題是生而有之的，就像死亡，不論你正視還是迴避，它都會到來。只有做好準備，才能在生命轉換的關頭坦然面對，把握時機。同樣，這些人生問題始終存在，而且會生生世世地存在。終有一天，你需要通過信仰來尋找答案。

2・對宗教信仰的誤讀

既然宗教信仰如此重要，為什麼在中國社會，很多人覺得它是可有可無的？主要有以下幾方面的原因。

首先，是出於對宗教的誤解。比如認為宗教是迷信，是人類無法認識自然時的想像，這是將各種原始崇拜、神話傳說和佛教混為一談。或者認為宗教是精神鴉片，是統治階層控制民眾的手段，這更是一個被長期誤讀的觀點。遺憾的是，因為先入為主的印象，這兩種誤解在很大程度上障礙了人們對宗教信仰的認識。

其次，是因為宗教在發展過程中形成的陳規陋習。就佛教而言，來世化、鬼神化等傾向，以及由於信眾素質下降帶來的迷信化、膚淺化，加上某些文藝作品的誤讀，使得人們對佛教及其現實意義存在種種誤解，以為佛教只是為亡者、鬼神服務的，或是失意者走投無路時的避難所，與現實生活並無關聯。

第三，是因為崇尚物質或為生活所累，尚未產生信仰需求。人類生活離不開物質滋養，但也容易為其所縛。當年，莊子就有「今世俗之君子，多危身棄生以殉物」的評價，兩千多年過去，物質誘惑多了豈止千萬倍？現在整個社會都在以消費為樂，以消費為導向，在這樣的大環境下，信仰自然會被淡化甚至遺忘。對很多人來說，生活無非是成家立業，多賺一點，過好一點；然後生兒育女，陪著兒女再經歷一番從成家立業到過好一點的輪迴，人生似乎就差不多了。而從社會的價值取向來看，也不鼓勵我們去思考人生意義，只是催著你多賺錢，快成功。過去時代推崇的是智慧、道德，景仰的是哲人、聖賢，而現代社會推崇的是財富、娛樂，追逐的是富豪、明星。因為這些關注不被鼓勵，也使很多人覺得信仰是可有可無的。

事實上，生命終極問題對每個人都一樣，區別只是在於你是否意識到。這些問題不會因為我們的忽視而消失，也不會因為我們的迴避得以解決，更沒有任何學科可以告訴我們答案。一旦認識到這些問題的重要性，就必須在宗教信仰中尋找答案。關於這一點，下面會詳細解說。

我在弘法中也發現，如果對方對人生沒有深入思考，那麼他聞法時不過聽聽而已。雖然也會有啟發，也覺得有道理，但終究隔了一層。用現在的話說，就是沒有「走心」，不會引起發自內心的共鳴。只有真正關注到終極問題，並將之視為生命的頭等大事，才會知道佛法智慧的價值究竟有多大。就像一塊稀世寶石，在不識貨、不需要的人眼裡，不過是塊石頭而已。雖然也有用處，但只是作為石頭的用處，根本不能發揮其應有價值。

二、為什麼信仰佛教

人生有各種信仰。除了宗教，古人崇拜英雄，視為匡扶正義的救星；哲學家信奉理性，認為「我思故我在」；科學家相信實證，覺得科學才是發現真理的唯一途徑。此外，儒家宣導的大同社會，西方思想家提出的烏托邦，包括共產主義理想等，在廣義上都屬於信仰的範疇。而在當今社會，人們崇尚的往往是金錢，是權力，是享樂。從某種意義而言，這些也是「信仰」。因為信仰就是對某種主張、主義、宗教或某人的極度信任和尊敬，是在自己認知領域中最有力量也最可託付的。那麼，我們為什麼要選擇佛教作為信仰？為什麼要選擇三寶作為依怙？先來看看其他那些信仰。

1．世間的「信仰」

我們知道，金錢和權力固然能帶來種種享樂，但也會帶來更多的麻煩和痛苦，這一點生活中已有太多實例，不必多說。那麼，哲學和科學又是如何呢？西方哲學重視理性，事實上，哲學本身就起源於理性思惟對原始宗教、神話幻想的取代。但哲學家們也發現，理性會受到個人經驗和知識體系的束縛，是一種「橫看成嶺側成峰」式的解讀，有不同程度的片面性和局限性。科學家相信實證，但所有科學發現都是向外的，且不斷被更新，被推翻。雖然更新的速度越來越快，但面對浩瀚無垠的宇宙，不論有多少發現，依然走不出「生也有涯而知也無涯」的困境。

世界有兩個層面，即有限性和無限性。我們用有限的能力，只能解決有限的問題，比如生存問題、生活品質，乃至發展科學、創作藝術、推進人類文明等等。但面對無限，面對人類永恆的困惑，是無法用有限能力去解決的。金錢和權力不能回答「我是誰」，哲學不能解讀「生從何來，死往何去」，科學不能告訴我們「活著的意義是什麼」。所以說，世間任何「信仰」都是無法替代宗教的。

2・從多神到一神

說到宗教，從原始的自然崇拜、萬物有靈論到至今還在不斷湧現的各種新興宗教，可謂不計其數。人類最初的信仰，是對日月星辰、風雨雷電等自然力、自然物的崇拜。這一方面是因為不了解自然，一方面是因為生活極度依賴自然，從而對此產生強烈的敬畏心，認為天地萬物乃至自然現象都是由神靈分別管轄的，如風神、雨神、雷神等。一旦觸怒神靈，就會受到各種懲罰。這種信仰往往和所處地域有很大關係，比如生活在海邊或山中的居民，崇拜對象顯然不同。就像一方水土養一方人那樣，是由地理環境決定的。

隨著人類文明的進程，開始出現以古希臘奧林帕斯眾神譜系為代表的多神教。此外，印度的多數宗教，包括中國的道家等，也屬於多神教。多神教相信有眾多神靈的存在，只是祂們的地位、神通、能力各不相同。相對人類而言，這些神靈雖然擁有超凡的力量，但還是有喜怒哀樂，甚至會爭風吃醋。尤其是古希臘諸神，不僅有人形和人性，甚至有人類社會關係的折射，演繹了種種天上人間的傳奇故事。在和人類的關係中，人們會祈求神靈幫助，但並沒有視之為絕對的主宰者。或者說，神靈只是人類生活的協助者而非統治者。

而一神教的出現，逐漸取代了原始的多神教，成為信徒最多、影響最大、傳播地域最廣的宗教。一神教認為宇宙中只有唯一的、至高無上的神，如基督教的耶和華、伊斯蘭教的真主阿拉。這個神創造宇宙萬物，決定吉凶禍福。祂是無所不在、無所不能、無所不知的精神實體，信徒只能通過祈禱，祈求主的恩賜，並由無保留的服從得到救贖。比如對於基督徒來說，只要相信，所有問題都可以在造物主那裡得到解決。世界由上帝創造，不需要探究真相；人類是上帝子民，不需要審察「我是誰」；命運歸上帝掌控，由祂決定你是上升天堂還是墮落地獄，不需要追尋「生從何來，死往何去」。總之，只要無條件地信奉上帝，就能得到赦免，到天堂與主同在。

上帝不僅是萬能的，同時還具有博愛精神。但我們來看看，這個博愛是怎樣的呢？上帝愛人類，卻把同樣有生命、且貪生畏死的動物賜給人作為食物；上帝還曾讓洪水肆虐，除了諾亞方舟中的倖存者，無數生命毀於一旦；上帝愛祂的信徒，卻不愛異教徒，並由這種思想引發了歷史上對異教徒的多次討伐。

在佛教看來，多神教的神靈屬於天道眾生。雖然福報很大，但並沒有斷除貪嗔痴，依然會在六道中輪迴。此外，佛教的緣起論否定了對主宰神的崇拜，認為萬物都是因緣和合而成，其中並沒有能夠造物並左右一切的主宰神。那麼，佛教是怎樣的呢？

3．正覺的佛教

佛教起源於兩千五百年前的古印度，正是婆羅門教盛行的時期。所以，佛教很多思想是針對婆羅門教的教義加以辨析。婆羅門教提出「梵我一如」的觀點，認為「梵」代表宇宙的大我，每個生命內在還有個體的小我（阿特曼），且和宇宙大我是一體的。這個「我」是輪迴的主體，一旦迷失自我，就會背叛宇宙之大我。所以，修行的最高境界是體認梵我一如，由此解脫輪迴。

但佛教認為，生命是相似相續、不常不斷的，由業力決定各自的生命形態和窮通禍福，其中並沒有一個常恆不變的自我。佛教的三法印，為「諸行無常，諸法無我，涅槃寂靜」。其中，「諸法無我」正是佛教區別於其他一切宗教和哲學的根本所在。但我們要知道，「無我」的關鍵在於破除我執，否定對自己的錯誤認定，並不是說你不存在，也不是否定這個生命現象。如果執著有「我」，就會陷入我執，製造煩惱，成為輪迴而非解脫之因。因為這一根本思想的差異，佛教在業果、輪迴原理及如何解脫等方面，也不同於婆羅門教。

此外，佛教認為世界的形成和發展是由因緣決定的，緣聚而生，緣散則滅，其中並沒有誰在決定這一切。從這個意義上說，佛教是屬於「無神論」。但這個「無神」不同於唯物主義，並不否認神靈這一生命形態的存在。佛教認為，神屬於六道中的天道眾生，而不是創造並主宰世界的至高權威。

這個「無我」和「無神」，並不是佛陀為了反對什麼而提出的，也不是出自玄想或神啟，而是他以智慧親證的。佛陀在菩提樹下成道時，由修習禪定開啟智慧，發現生命是由無明、行、識、名色、六入、觸、受、愛、取、有、生、老死十二因緣構成。通過順觀緣起，了知輪迴的因果；通過逆觀緣起，了知解脫的因果；通過順逆觀緣起，徹底了知諸法實相。因為一切是緣起的，就沒有作為主體的「我」，也沒有創造並決定一切的「梵」或「主宰神」。所以說，佛陀不是真理的創造者，而是發現者；不是萬能的救贖者，而是引領者，為我們指明止惡行善的方向，轉迷為悟的途徑。

真正的解脫，必須靠我們自己修行。這是佛教的另一個重要特色——宣導自力而非他力。雖然佛教也強調佛菩薩的加持，強調善知識的作用，但這一切只是修行助緣。佛菩薩的加持，必須通過學人的信心和接納才能相應；善知識的作用，必須通過學人的依止和修行才能產生。也就是說，外在力量需要經過自身轉化方可，否則是不能直接產生作用的。不是說，佛陀可以親自為你消除業障，讓你得生人天。

佛陀意為覺者，不僅自己覺悟，還能引導眾生走向覺悟，覺行圓滿。作為佛弟子，我們選擇佛法僧三寶為信仰對象之後，又該如何修行才能成為真正的佛子，而不是一味求求拜拜，把佛陀當作「保護神」？其中的關鍵，就是理性思惟。所以，聞思修、八正道、四法行等修學常道，都是以理性思惟為核心。在聞思修中，只有通過思惟的落實，才能理解並接納所聞法義，進而落實於修行。八正道中，正見離不開正思惟，沒有正見引導，就不可能有正語、正業、正命，也無法通過正精進，建立正念、正定。在四法行中，親近善知識是為了聽聞正法，然後要通過如理作意，才能法隨法行，走上修行道路。

這些都告訴我們理性的重要。但佛教不會片面推崇理性，同時提醒我們，「知之一字，眾禍之根」。因為理性是雙刃劍，如果思考不如法，就會建立錯誤觀念，形成不良行為。事實上，人類所有的問題、麻煩、痛苦都來自於此。所以要善用理性，而不是胡思亂想。總之，佛教不是讓人一味地信，也不是把所有問題往佛陀那裡一推了之，而是讓我們深入思考，通過思考來選擇並確定。

但前面也說過，我們無法用有限的理性去認識無限。僅僅通過思惟，是不能直達世界本質的。那麼，如何才能超越有限？聽起來似乎很難，其實就在迷和悟的一念之間。因為心本來是無限的，所謂「心包太虛，量周沙界」。只是被無明束縛，使得我們只能看到眼前的這一點，結果與虛空有了天淵之別。所以，我們要把向外馳騁的心收回，向內尋找。因為它就在那裡，是現成的，越是外求，越是去道遠矣。

如何尋找？一方面是通過禪修獲得定力，讓心安住下來，妄念平息下來；一方面是以智慧觀照，讓覺性光明顯現出來。一旦開啟本自具足的智慧，心就和虛空是一體的，就能成為佛陀那樣的覺者。也就是說，我們都可以完成生命的自救，而不是坐等神的救贖。

所以，佛教是「正覺」的信仰。佛陀成就的「阿耨多羅三藐三菩提」，又稱無上正等正覺，是最為究竟而圓滿的覺醒。這種覺醒不只是佛陀才能成就的，事實上，一切眾生都具有覺性，都可以走上覺醒之路，解決人類永恆的困惑，了知生命和世界的真相。心的本質就是宇宙的本質，因為證悟這一智慧，佛陀才被稱為「正遍知」。所謂遍知，即橫遍十方，豎窮三際，無所不知。而且這種遍知是可以親證的，不是聽來的。總之，只要你希望解決人生的終極問題，就應該選擇佛教。

《大乘百法明門論》還告訴我們，信仰的「信」屬於一種心理，其定義是「於實德能深忍樂欲，心淨為信」，這也說明了我們應該選擇什麼樣的信仰對象。首先，這個對象真實存在，不是想像、虛構出來的。其次，具備圓滿的智慧，足以解決人生一切困惑，能告訴我們自我、生死、世界的真相，並有能力引導我們修行。第三，具備圓滿的道德，已經徹底擺脫貪嗔痴，並對眾生具有無緣大慈，同體大悲。如果以這樣的標準來衡量，可以說，只有佛陀才能達到。這也是我們選擇佛教信仰的重要前提。

正因為佛法能解決生命的終極問題，才會有佛陀在因地為半偈捨身，有二祖慧可的斷臂求法，有玄奘三藏的萬里西行，有歷代祖師大德的為法忘軀。相對這種究竟的意義，眼前利益甚至生命，就算不了什麼了。想一想，如果不知道「我是誰」，不知道活著為什麼，那我們和動物還有什麼區別？一樣的飲食男女，一樣的生老病死，一樣的身不由己。雖然生命形態有差別，但本質上都是在隨業流轉而已。而學佛能讓我們看清生命真相，開始以願力引導人生，從被動輪迴轉為主動掌舵。

當我們選擇佛教作為信仰時，是否認識到這種意義？事實上，信仰能對我們產生多少作用，是取決於我們對它的訴求，也取決於我們對它的認識。如果你對信仰的需求不高，只是為了找個精神寄託，那麼很多信仰都能滿足，未必需要佛教；如果你對佛教的認識不深，那就只能獲得很少一部分的作用，可謂明珠彈雀。總之，對信仰的訴求不僅決定了選擇，也決定了信仰的高度。

三、佛教信仰的建立

我們已經知道信仰要解決什麼問題，並且知道佛法是最究竟、圓滿的。那麼，如何在內心建立這一信仰？就像我們知道某個軟體好用，能給工作帶來極大便利，但即使我們得到這個軟體，只要沒有安裝到電腦並運行，是不能發揮作用的。我們知道，安裝軟體有一套既定規則。同樣，建立佛教信仰也有相應的程序，首先是皈依儀式。

1．皈依的前行和正行

不少人雖然皈依過，卻稀里糊塗的，不了解皈依的真正意義是什麼，也不清楚選擇佛教信仰意味著什麼，對人生有多大作用。可以說，前行就準備不足，沒有為「皈依」營造良好的心理基礎。那麼正行又如何呢？在不少皈依儀式中，雖然法會現場堪稱隆重，但傳授者往往沒有講述皈依要領，沒有提醒皈依者在哪些環節必須聽清傳授者的引領，生起至誠皈依之心，進而在十方三寶的見證下莊嚴宣誓。

須知，發心決定了皈依體的品位，而宣誓直接決定了我們能否得到皈依體。如果前行和正行都沒有達標，那麼，這種皈依就像安裝軟體時的無效操作。自己以為完成了，其實並沒有真正安裝進去，沒有得到皈依體，自然也是不能產生作用的。

皈依的關鍵，是確認以佛法僧三寶作為究竟依止，並通過如法的儀式，完成我要「皈依佛、皈依法、皈依僧」的宣誓。這樣一種認知和表態，才是皈依過程中最重要的。其他的一切，包括梵唄、悅眾、現場佈置之類，只是起到營造氛圍的作用，幫助我們生起虔誠心、恭敬心、清淨心，使軟體順利安裝。這個安裝就是獲得皈依體，將成為未來修學的動力，推動我們走向解脫。

生活中也有各種宣誓，只有當你發自內心地這麼確認，並表達出來的時候，它才會有力量。如果只是隨隨便便地一說，它會在你內心產生約束力和推動力嗎？古人推崇「一諾千金」的誠意，而皈依是全身心的託付，是對生命方向的選擇，這一誓言的價值，又何止千金？

對皈依的內涵有多少認識，就意味著我們能對三寶建立什麼樣的信仰。如果這個認識很膚淺，相應的，這種信仰也是不堅定的，若有若無的。有些人只是看到別人皈依，就稀里糊塗地皈依了。既不知道三寶是什麼，也不知道皈依、學佛對人生意味著什麼。當然，這也算結下一個善緣，但如果不通過進一步的學習來鞏固它，這個善緣很快會邊緣化。

如法的儀式意味著我們能否得到皈依體，同時也意味著全新的人生起點。從個人來說，這是從迷惑走向覺醒的開端；從佛法傳播來說，這是正式成為傳承並弘揚覺醒文化的一分子。從此刻開始，我們加入了從佛陀到歷代祖師共同組成的團隊，成為燈燈相續的一盞燈，意義何其重大。

但這個意義對每個人是不同的。我們的認識和發心達到什麼程度，皈依對我們的意義才能達到什麼程度。遺憾的是，很多人雖然已經皈依，但因為認識不足，皈依不如法，除了得到一個法名和皈依證之外，並沒有讓佛法在相續中產生多大作用。事實上，如果不能讓佛法進入我們的心相續，法名和皈依證也是形同虛設的，幫助不了什麼問題。

那麼，皈依究竟能為我們帶來什麼？

2・皈依的作用

關於皈依的利益，《皈依修學手冊》中說到八點，分別是入佛子數、諸戒之本、滅滅諸障、集廣大福、不墮惡趣、人與非人不能為災、隨願皆成、速得成佛，側重從信仰層面進行總結。而從現實人生來說，皈依可以讓我們找到人生歸宿，建立精神追求，實現人生意義，成為有德之人，培養慈悲大愛。

（1）找到人生歸宿

如果沒有佛教信仰，人生就會立足於物質層面，以家庭、事業、感情為歸宿；或立足於文化藝術，以構思、創作、欣賞為樂事。但要知道，所有這些和我們只是暫時的關係。當今生走到終點，又將去向何方？依然是隨業流轉。感情再好，你也得獨自上路；事業再大，你也是兩手空空；藝術成就再輝煌，你也帶不走什麼。忙了一輩子，最後都不知道要去哪裡。

唯有修學佛法，才能看清生命的真正意義，確立終極目標，了解途中會經過哪些站點，從而止惡行善，讓願力取代業力，生生增上，直至解脫。如果發起菩提心，還可以乘願再來，在十方世界廣泛利益眾生。

我經常說，如果沒有佛法，生命真是有很大的問題。這是因為，如果對心性沒有認識，生命將沒有深度；如果對輪迴沒有認識，生命將沒有長度。可以想像，一個既沒有長度也沒有深度的生命，能安身立命，成為我們的歸宿嗎？很多人害怕老之將至，死之將至，就是因為過得渾渾噩噩。忙來忙去，卻發現自己曾經擁有的一切都在離去，啥也抓不住。既不知道用什麼告慰此生，更不知道以什麼面對未來。有首歌叫《老無所依》，其實真正可怕的，是心無所依，是心的漂泊和無處安住。

一個找到生命歸宿的人，不論在人生哪個階段，也不論遭遇什麼，都不會迷失方向，都知道應該為實現最終目標做些什麼。換言之，他所走的每一步都是踏實、明確、向前的。

（2）建立精神追求

總有人說，學什麼佛，做個好人就行了。我會問他：好人的標準是什麼？佛陀是好人，耶穌是好人，孔子也是好人，還有雷鋒及每年都在評選的「中國好人」等等，你想成為什麼樣的好人？又能成為什麼樣的好人？事實上，成為好人離不開對人性的認識。否則，所謂的「好人」往往只是一個感性而模糊的印象。可能是性格調柔，可能是助人為樂，可能是品行端正，也可能只是遵紀守法而已。在世風日下的今天，我們甚至已經把遵守做人的基本準則理解為「好人」了。

中國古人嚮往成賢成聖，而學佛的最終目標，是像佛菩薩那樣，圓滿大慈悲和大智慧。怎麼做到這一點？佛法為我們提供了豐富的理論指導和修行途徑。依此建立精神追求，能引導我們有次第地成就人天乘、解脫道和菩薩道的修行品質，生生世世地從中受益。可以說，這才是究竟意義上的精神追求，因為它所改變的是生命品質。而通常所說的精神追求，往往是指知識、藝術或道德層面的，並不究竟。單純的知識或藝術不能改變一個人的品行，更不必說生命品質。而世間道德也往往是有局限的，對這些人的道德，可能對那些人就不道德；對人類的道德，可能對動物就不道德。只有建立在佛法基礎上的道德追求，才是對自己和他人、現在和未來都有利益的。

（3）實現人生意義

人生是什麼？對多數人來說，無非是生存、賺錢、成家立業。但所有這些都是暫時的，其意義也是有限的。再多的錢，再高的地位，再多的風光，能擁有多少年？無常到來的時候，什麼都帶不走。

即使像古代帝王那樣，建立豪華墓室，陪葬無量珍寶，又帶走了什麼呢？機關算盡，不過是一場空。

唯有站在佛法的高度，才能看到生命的無限性，看到今生背後的輪迴，看到浪花下面的大海。當我們知道生命不是以死亡為終點，而是有著生生不已的未來；知道在漫漫輪迴路上，得生為人的機會轉瞬即逝；知道自己雖然帶不走有形的什麼，卻會帶走善惡行為形成的業力，就不會那麼短視，那麼急功近利了。如果生命只是短短的幾十年，如果死亡會帶走當下擁有的一切，那麼人生真的沒有多少意義。只有看到今生和未來的關係，才能對生命做好長遠規畫，找到究竟意義。

（4）成為有德之人

說到道德，我們往往覺得是社會的需要，屬於公共行為。當外界對你有某個約束時才需要遵守，很少將之和個體生命發生連接。所以，當整個社會開始提倡個性解放，外界和輿論對人的約束越來越弱時，道德也被一併丟棄了，甚至出現「道德多少錢一斤」的調侃，出現「我為什麼要遵守道德」的反問。於是乎，各種底線被不斷突破。僅僅幾十年，連曾經那麼神聖的醫療、教育行業都變得唯利是圖，白衣天使何在？靈魂工程師何在？

在一派亂象中，每個人都深受其害。因為我們不知道什麼是可以放心吃的食品，什麼是沒被造假的用品，也不知道自己住的樓是不是豆腐渣工程。我們總是在指責不良商家，慨嘆人心不古，事實上，所有這一切正是共業所招感的，是源自我們對道德的踐踏。

道德不僅是外在約束，也是對生命自身的滋養。當我們在踐行道德的過程中，自己首先是最大的受益者。佛法的因果觀告訴我們，善有樂報，惡有苦報。道德行為一方面能給他人帶去利益，一方面能於自身建立良性積累，令生命增上。反之，則是建立不良積累，令生命墮落。如果我們希望自己有良好的心態，健全的人格，美好的未來，就必須遵循道德。對於明瞭因果的佛弟子來說，遵循道德必然是自發的行為。即使社會對他沒有任何約束，他也清楚地知道，一切言行乃至起心動念，只要發生就會形成力量。當他自覺遵守道德時，即使這一行為尚未帶來什麼外在結果，但當下就會在內心形成正向力量，使人變得慈悲、調柔、包容。當一個人具備這樣的品質，必然是喜悅而安寧的。

這是生命自身的「獎勵機制」，是不求自來的回報。當人感受到其中的利益，還有什麼理由不遵循道德嗎？除了佛教，世界有些地區依基督教建立道德規範，有些地區依伊斯蘭教建立道德規範。如果沒有信仰，僅僅靠什麼「主義」管理大眾，或是靠理性互相約束，不僅難以落實，還會滋生一些口是心非的偽君子。因為他們不知道這是在讓自己受益，還以為是做給別人看的，才有各種作秀甚至作弊的行為。所以說，只有建立在信仰基礎上的道德，才能讓人自覺遵守。因為這是出於自己的需要，而不是外在的、他人的要求。

（5）建立慈悲大愛

近年來，各種捐款、助學等善行日益普及，值得隨喜。那麼，是不是所有的捐助行為都具有慈善精神呢？或者說，這種行為在讓他人得到幫助的同時，能否讓自己的心靈得到提升？這就需要考量捐助的動機。其中，固然有真誠希望幫助他人的，但也有一時興起才做好事的，有出於某種原因甚至輿論壓力捐助的，還有在利益社會的同時傷害他人的。

什麼是慈善的精神？主要包括兩方面。一方面是不傷害他人，即孔子所說的「己所不欲，勿施於人」；另一方面是利益他人，給予他人需要的幫助。這種精神的建立，離不開宗教信仰和傳統文化。比如基督教提倡博愛，儒家提倡仁愛，佛教提倡慈悲。當你發自內心地接受這個信仰和文化傳承，才願意去利益大眾。

否則，人都是自私的，幹嘛要想著別人？別人和我有什麼關係？現代社會的教育背景，以及居住和消費方式的改變，尤其是虛擬世界的介入，讓人和人的關係日漸疏遠。當衣食和生活所需都是由快遞送到家門時，我們很容易忽略，這背後有很多人的辛勤付出；也很容易忘記，我們的生活其實離不開眾生。在這樣的大環境下，我們怎麼認識自己和他人的關係，為什麼要捨己為人，為什麼要對眾生付出？

佛法告訴我們，我執是衰損之門，利他是功德之本。人類的所有煩惱都來自我執，如果處處想著自己，他人全都成了潛在的敵人，似乎隨時會欺騙你、侵犯你的利益。這樣的話，只會讓你處處樹敵，患得患失。且不說生命品質會受到什麼影響，人生還有快樂可言嗎？

反之，一個處處為他人著想的人，就沒機會為自己煩惱了。因為他本來就要利益他人，還有什麼可以被欺騙、被侵犯的呢？或許有人會說，不是因為做善事受到誤解而苦惱嗎？之所以出現這些情況，還是因為其中有「我」。比如希望得到社會認可，或是希望受助者能知恩圖報，或是希望找到高人一等的道德優越感，或者僅僅是希望所做善事能按自己的計畫來進行。但只要有期待，就會有期待不能如願的失落。如果沒有這些期待，做就是了，沒什麼值得煩惱的。

佛教所說的利他是「無我利他」，這也是最究竟、最圓滿的利他。需要明確的是，這個「無我」說的是不為自己考慮，但並不否定因此得到的回報。在做的過程中，你的慈悲在增長，愛心在增長，這就是最好的回報。《金剛經》也說，如果菩薩不住相布施，其福德不可思議。至於其他的一切，只是慈善行為的副產品而已。

總之，建立信仰對每個人意義重大。尤其是佛教信仰，不僅可以解決生命歸宿、人生意義等永恆問題，還能使我們成為有德行、有愛心的人，這是讓自己從當下到盡未來際都能從中受益的。

四、信仰的防護

皈依三寶只是走入佛門的開始，關鍵是讓這種信仰成為生命的主導力量，不斷引領我們。而不是進門後就停步不前，或是走著走著找不到方向，甚至又退到門外。有句話大家都很熟悉：「學佛一年，佛在眼前；學佛兩年，佛在大殿；學佛三年，佛在西天。」為什麼會出現這種現象？為什麼我們皈依了，心還是漂泊無助的，不覺得生命有了歸宿？就是在皈依後沒有對信仰加以防護。久而久之，這種信仰就會因為缺乏支持變得若有若無了。就像播下的種子，如果沒有進一步呵護，就會逐漸枯萎乃至死亡。

如何加以防護？這就必須了解生命的運作原理。關於此，佛教的唯識學闡述得最為詳盡。唯識學把心理現象歸納為八識，其中，第八阿賴耶識又譯為藏識，就像生命的儲藏室，保存著無始以來的生命資訊。我們身口意的所有行為，包括每天做過的事，說過的話，動過的念頭，在發生後，當下就會在內心形成力量，又稱「種子」。這個過程就是「現行薰種子」。然後，種子又會在遇到外緣時，從潛意識進入意識層面，進而產生活動，也就是「種子生現行」。種子和行為是相互影響的，一方面，種子引發了行為；另一方面，行為又薰下了種子。

這些種子代表心靈世界的各種力量，雖然形形色色，但無非是雜染和清淨兩類。佛法認為，生命是緣起的，由眾多因緣構成它的存在，進而產生活動，決定生命的延續方向。在這些因緣中，種子最為關鍵。雜染種子會構成輪迴的相續，而清淨種子將導向覺醒和解脫。

學習佛法就是在內心播下清淨種子。無始以來，我們已經播下了很多雜染種子。這些種子早已在生命中當家做主，成為主導力量，讓我們越來越習慣貪，越來越容易嗔，越來越被愚痴所控。我們對目前這種生命相續是否滿意？通過學佛可以看到，這種生命狀態是沒有出路的，將給自己帶來無盡的痛苦和麻煩。

如何才能改變現狀？這就必須接受智慧文化，培植覺醒種子。雖然我們已經認識到這麼做的重要性，但在目前，清淨種子的力量還是微不足道的。我們要做的，就是把這些種子當作重點來培養。就像在雜草叢生的田裡種植花朵，首先要清除雜草、改良土壤，然後播種、澆水、施肥。當然，雜草不是那麼容易清除乾淨的。所以在我們有能力區分雜草和花苗時，就要把現有資源盡量用在需要培植的對象上，不再為雜草提供養分。當這些花朵逐漸生長起來，雜草就沒有空間了。皈依後對心行的防護，也是同樣的道理。

1．守護皈依體

對於皈依弟子，佛陀制定了一系列學處，告訴我們，什麼是應該做的，什麼是不能做的，從而使皈依體得到強化，包括遮止學處、奉行學處和共同學處。

（1）遮止學處

首先是遮止學處。我們已經皈依了佛法僧三寶，就不能再皈依其他宗教的教主、典籍和神職人員。這就是皈依儀式中宣誓的：「皈依佛，如來至尊等正覺為我所尊，終不皈依邪魔外道；皈依法，三藏十二部典籍為我所尊，終不皈依外道典籍；皈依僧，清淨僧團為我所尊，終不皈依外道邪眾。」

需要注意的是，遮止不是讓我們去反對什麼，也不是去批評什麼。事實上，對於其他正當、健康的傳統宗教，我們都應該表示尊重，因為他們也有自己的教化因緣，也在勸人為善。但作為佛弟子，我們要知道自己的重點在哪裡。因為不同宗教代表不同的人生方向，如果讓它們在內心具有同等地位，在面臨選擇時，又該何去何從？所以，遮止就是不以其他宗教為依止，只以佛法僧三寶作為心靈歸宿，以走向覺醒作為修行目標。通過對三寶的憶念和仿效，成就佛菩薩那樣的智慧和慈悲。

（2）奉行學處

其次是奉行學處，即敬佛、敬法、敬僧。我們通過對佛像的禮敬，見賢思齊，憶念佛菩薩的大慈悲、大智慧、大解脫、大自在。這幾個詞聽起來耳熟能詳，但感覺挺平淡、挺抽象的，沒什麼打動人心的力量。那是因為我們對這些品質還沒有多少切身認識，只是當作概念來聽，而且是與己無關的概念。這種感覺就像咫尺天涯，就在你眼前，總是聽說，總是看到，但又隔得那麼遠。

如果你正在這條路上努力，就能認識到這些品質的分量，並對這樣的人格產生無限嚮往。就像你在學習某個專業，會對這個領域的頂尖專家高山仰止；或者你在從事某項運動，會對這個項目的世界冠軍心嚮往之。但對於其他人，尤其是對這個專業沒有多少了解和興趣的人來說，很難產生和你同樣的仰慕。從這個意義上說，你對這些品質有多少嚮往，也意味著你對三寶的內涵有多少認識，意味著你對學佛有多少好樂之心。

敬佛，是在內心建立榜樣，以此作為學習目標，並發願成為佛菩薩那樣的人。從佛法觀點來看，我們都具備和佛菩薩無二無別的潛質，都可以成為他們那樣的覺悟者。所以敬佛不只是禮佛、燃香、供水，更重要的，是對佛陀的偉大人格無限尊敬，見賢思齊。當我們有這樣的認識時，三寶在我們心目中的分量就會超過一切。有句話叫作「榜樣的力量是無窮的」，想一想，我們在世間付出最多努力的，不論學習還是事業，掙錢還是求名，哪一樣不是因為看到榜樣，並且被這個榜樣所吸引，所激勵？如果我們發自內心地嚮往佛陀品質，以此為唯一榜樣，還會被世俗的五欲六塵干擾嗎？還會在學佛路上三心二意嗎？

敬法，就是以佛法作為修行乃至生活的指南。法的重要性在哪裡？很多時候，我們也會看一些法寶，但就是看看而已；也覺得佛法智慧圓滿，但就是說說而已。那是因為我們還沒有意識到法對人生的重要意義。如果我們看清自己是輪迴中的重病患者，確定法是唯一能夠救治的特效藥，而不是可有可無的飲料或保健品，就會對法生起迫切的渴求之心。如果我們在上下求索的人生路中，深入思考過生命永恆的困惑，且通過各種宗教、文化、哲學都無法解決，最後在佛法中發現了答案，就會對法生起強烈的皈依之心。

敬僧，就是對賢聖僧所代表的寂靜、超然和解脫生起嚮往。作為住持三寶，僧寶是正法住世的象徵，也是續佛慧命的主力，所以被稱為人天導師。沒有僧寶的住持和弘揚，就沒有佛教在世間的流傳。當我們認識到佛和法對人生的意義，認識到僧寶對修學佛法的作用之後，就會對僧寶，尤其是賢聖僧、善知識生起皈依之心。

總之，敬佛、敬法、敬僧不僅是形式上的禮敬供養，不僅是燃一炷香，供幾個果，而是要真正認識到它的分量，發自內心地恭敬。不是三寶需要我們恭敬，而是我們需要通過這種恭敬，使佛陀的人格和佛法的真理在內心扎根，成為主導生命的力量。

（3）共同學處

除了遮止學處和奉行學處，還有共同學處。包括隨念三寶功德、隨念三寶大恩、隨念大悲、凡事啟白三寶、對皈依體守護不捨等。具體內容在《皈依修學手冊》中有詳細介紹。

前面說過，「榜樣的力量是無窮的」。之所以有力量，就在於它會不斷地召喚我們，激勵我們向這個目標靠攏。生活中我們應該有這樣的經驗：當我們崇拜某人並發願成為他那樣的人，會成為很強的動力。那麼，為什麼我們總覺得佛菩薩這個榜樣有點遙不可及？或者說，無法形成直接的動力？主要是因為我們對三寶的功德還不清晰，對如何成就這樣的功德也不清晰。因為不清晰，就無法轉換成發自內心的真切嚮往。

所以我們要充分認識到三寶的功德，以及對改造生命的重要性。這個思考過程就是觀察修。通過反覆觀修，逐漸建立對三寶的信心，並安住在這種信心中，不斷強化，是為安住修。由此可見，遵守遮止學處、奉行學處、共同學處的過程，就是在引導我們完成信仰建立的觀察修和安住修。

2·修習三皈依

為了強化三寶在心中的地位，我們還需要將修習皈依形成定課。為此，我特別編寫了《皈依共修儀軌》，包含發心、懺悔、供養、觀察修、安住修、發願、迴向等一系列內容。就像我們在田裡播下種子，要經常鬆土、澆水、施肥，使其得到滋養。否則的話，種子就會因為缺乏營養而不能發芽，乃至逐漸枯萎。

信仰的建立同樣存在這個問題。很多人皈依之後，不懂得如何防護，除了多個皈依證，和皈依前幾乎沒什麼差別。如果沒有認識到三寶內涵，沒有得到皈依體，沒有將三寶作為究竟依止，將成就三寶品質作為修行目標，這個皈依證又能證明什麼呢？就像一張過期作廢的入場券，除了能證明你參加過那次法會，並沒有多少意義。

所以，皈依後還要每天修習，在得到三寶加持的同時，通過定時定量的鞏固，讓內心趨於穩定。在今天這個時代，資訊氾濫，誘惑重重，人心也格外躁動。這種躁動的心靈，就像信號不穩定的接收站，是無法和三寶功德相應的。通過修習定課，可以讓心安住，進而消除妄念，起到集資淨障的作用。集資就是積累菩提資糧，淨障就是淨化修行障礙。就像《西遊記》中，唐僧取經要經過九九八十一難，修行同樣是不斷克服障礙的過程。事實上，所有外魔都是我們內心的顯現。而這個心同時也具足自性三寶，關鍵在於我們開啟了哪個頻道。

對於信仰的防護來說，一方面要遵守學處，一方面要修習皈依。禪宗有「長養聖胎」之說，是指見道之後還要養道。其實皈依也是一樣，即使發心正確、儀式如法，確實得到了皈依體，也只是走出了第一步。接下來，還要不斷地呵護、滋養，才能使之成長壯大，最終成為內心的主導力量。

五、信仰的增長

我們雖然已經皈依，已經學佛，但有沒有真正走在菩提道上？在修學過程中，迷惑、煩惱有沒有減少？同時，智慧、慈悲、信心有沒有增加？這是考量我們到底學得對不對，有沒有效果的重要方式。

說到有沒有走在菩提道上，有人可能會感覺茫然：到底什麼是菩提道？這條道路究竟應該怎麼走？起點在哪裡，終點在哪裡，途中會經過多少站點？我覺得，學好佛法有三個重點，一是目標明確，二是方法正確，三是次第清晰。不僅學佛如此，要做好世間任何一件事，都離不開這三個方面。

目標就是結果，做這件事到底能達成什麼結果，終點在哪裡？方法就是手段，用哪些手段達到這個結果？次第就是流程，做好一件事的先後順序是什麼，每個階段的成效是什麼？我們都知道學佛最終是要成佛，但又覺得那是無量劫以後的事，似乎當下就沒什麼可見的結果了。其實不然，雖然成佛的目標比較遙遠，但對於有效的修學來說，每個階段乃至每一天都會有相應的進展，從而不斷接近終點。

1・有次第的修學

在三級修學模式建立之初，我們曾提出「四個一」，即一個目標，就是解脫；一張地圖，就是修學次第；一位導師，就是引領修學的善知識；一群夥伴，就是一起修學的同參道友。這些都是學好佛法不可或缺的因素。其中，前三點屬於有效引導，第四點在於營造良好氛圍。

正確的修行方法，是信仰增長的基礎和動力。很多學員參加三級修學後，僅僅半年、一年，甚至幾個月，生命就會發生很大改變。迷惑煩惱減少了，智慧慈悲增加了。這不是奇跡，也不是廣告，而是在很多人身上實實在在發生的。只要真正用心修學，有端正的態度，有效的方法，必然產生變化。當你切身感受到自身的改變，感受到這種改變的利益，對佛法自然就有信心了。不少人剛參加修學時，覺得八年課程實在太長了，沒信心堅持下來。但學了一段時間，覺得這是盡未來際要做的事，八年根本算不了什麼。

為什麼會這樣？因為人們願意為某件事花多少時間，是取決於他對這件事的重視程度。當他不了解學佛對人生的重大意義，會覺得要做的事還多，哪有那麼多時間學這個，又不能得文憑、漲工資。所以在他的人生排序中，學佛是在末後幾位的，只有工作、生活安排到位後，才有興趣參與一下。另一種情況，就是遇到什麼世間法不能解決的事，也可能臨時把三寶的排名拉到前面，燒香拜佛，吃素放生，很是精進一陣。但事過境遷，又讓學佛的排名回到原點了。說到底，還是認識不到學佛的意義。

一旦認識到修學的價值，會覺得這不僅值得今生盡形壽去做，也值得盡未來際去做。什麼算是認識到修學的價值？我們看世間那些科學家、文學家、藝術家，或是有某項愛好的人，往往為了自己的事業或興趣廢寢忘食，衣帶漸寬終不悔。我們對學佛有沒有這種精神？願不願意這樣投入？如果做不到，就說明認識還沒有到位，目標還不那麼堅定。因為你連世間的努力程度都沒有，更談不上難行能行，難忍能忍了。

（1）常見誤區

明確了目標，還需要方法正確、次第修學。在當今教界，除了求求拜拜、把佛教等同於民間信仰的普通信眾，即使那些有心學佛者，也因為缺乏引導，學得雜亂無章。有人好高騖遠，喜讀大經大論，談玄說妙，感覺良好；也有人東學西學，法門接觸很多，道場參訪不少，但效果如何呢？如果本身學習能力不夠，就只會看些浮光掠影，片言隻語；即使學習能力很強，也往往只是學了些法義名相。看起來見多識廣，做起來一無是處。事實上，佛法的真正價值在於樹立正見，進而在生活中加以運用，調整心態，重塑生命品質。如果不能起到這個作用，無論讀了多少經論，不過是個知解宗徒而已，和世間的讀書、做學問有什麼區別呢？

此外，漢傳佛教屬於大乘，但對菩提心教法普遍不夠重視，未能很好地彰顯積極利他的菩薩道精神。很多人雖然熱衷於受菩薩戒，卻不重視菩提心，不重視慈悲利他的精神，結果成了有名無實的「菩薩」。須知，菩薩道修學是有次第的，必須從發起願菩提心開始，然後落實到行菩提心，最後昇華到勝義菩提心。如果不能有步驟地一一落實，發菩提心很可能會成為說法，甚至是調侃。

另一個誤區就是尚簡，總期待「直指人心，見性成佛」。但頓悟不僅要有明眼師長指點，就學人自身而言，也得是上根利智，塵垢極薄，才能於某個關鍵時刻，在善知識指點下見性。如果根機不夠，又想討巧省力，不重視教理基礎，學禪就容易流於口頭禪。說起來很痛快，其實只是在迷惑系統說一些貌似「覺悟」的話。除了愉悅自己，也是在欺騙自己。

（2）對治方法

佛教有很多宗派，不同宗派就代表不同的修學體系，有不同的指導思想。就像通向同一終點的不同路線，每條路有不同的路況，不同的前行方法。山路有山路的走法，水路有水路的走法，陸路有陸路的走法。如果把這些混淆起來，就像背著船去爬山，不僅沒有用處，反而平添累贅。所以太多的人越學越沒感覺，最後就麻木了，甚至熱衷於名聞利養。其實這也很正常，如果不能於法受益，不能走在解脫路上，自然會回到輪迴道，去追名逐利。

不少人學佛之前一大堆人生問題，學佛後人生問題沒解決，反而增加了一大堆學佛的問題。這是我在弘法過程中經常遇到的。有些人來見我的時候，東一個問題，西一個問題，好像也在思考怎麼學佛，其實完全沒有章法。即使回答了這些問題，除了讓他增加一點知識，了解一個說法，並沒有多少實際用處。對於這類情況，現在我只用一招回復：進入三級修學，所有問題就不是問題了。

三級修學包括同喜班、同修班、同德班三個階段，是我根據多年弘法經驗，在實踐中逐步摸索、不斷調整而來。同喜班主要從人生佛教入手，消除對佛教的誤解；然後學習《走近佛陀，認識佛法》和《皈依修學手冊》等課程，了解佛陀的出家和修學經歷，從而確定對三寶的信仰。這個階段為時一年，是「以人生佛教為基礎，以信仰建設為中心」。

接著是為時四年半的同修班，「以修學次第為基礎，以菩提心的修行為中心」。前者主要引導我們認識修學理路和菩提路上的各個站點，包括道前基礎和下、中、上三士道。首先是端正聞法態度，了解善知識和暇滿人身的重要性，明確以三寶為歸宿，然後圍繞出離心、菩提心、空性見安立修學內容。每一部分都有修學重點、落實方法和檢驗標準，有次第地完成菩薩道的心理引導。掌握修學次第之後，再通過《入菩薩行論》和《瑜伽菩薩戒品》的學習，知道如何發菩提心，行菩薩行，真正走上菩薩道。所有這一切，重點圍繞心行改變而施設。但心是複雜而微妙的，不僅會欺騙他人，還會自我欺騙。為了更清晰地認識心行運作規律和轉變原理，這個階段還特別增加了《百法明門論》的課程。

同德班的修學為時三年，「以空性見為基礎，以止觀禪修為中心」。通過對《辯中邊論》、《唯識三十論》、《心經》、《金剛經》、《六祖壇經》等經典的學習，或根據唯識理論建立空性見，或根據般若思想建立空性見，或根據禪宗見地建立空性見，並在相關經論的引導下完成空性禪修。

總之，每一部分的修學都次第清晰，逐漸深入。如果沒有次第，要不就總拿著小學課本，讀上十年還是小學水準；要不就直接從大學課本開始，起點太高，無從著手。通過有次第的學習，就會看到自己一步步的成長，使信心不斷提升。在此過程中，我們一定能感受到迷惑和煩惱在減少，慈悲和覺醒的力量在增強。所以說，修學不是要多少年之後才知道效果的，也不是死後才知道的。有次第的修學，每個階段的效果如何，自己應該非常清楚。因為我們不僅知道怎麼做，也知道該做多少量，達到什麼標準。

2．有效的修學

除了次第，有效的修學非常重要。因為無效的修學會不斷製造問題，是永遠解決不完的。而有效的修學，在次第深入的過程中，自己就具備了解決問題的能力。就像一個好的制度，本身就能自我完善，自我優化。否則，永遠都在解決問題，同時又在製造問題，沒完沒了。

經常有人會說：不就是「無常」嗎？不就是「緣起」嗎？我已經學過了，知道了，能不能講深一點的？那麼，學過是什麼概念？學過是目的嗎？學到什麼程度才算完成？這裡有一個標準問題。很多人之所以修學不力，用不起來，就是因為停留在概念上，停留在一知半解、似是而非的程度。為了避免大家在修學中出現這種情況，我們形成了一套有效的修學機制。

首先要自修，對當期法義至少學習三遍以上。古人說，「書讀百遍，其義自見」。世間的書尚且如此，對於蘊含著宇宙人生大智慧的佛法，更要反覆閱讀、深入理解了。比如《金剛經》五千餘言，每個字都不難懂，普通文化水準就可以應付，但你知道它所表達的內涵嗎？還有《心經》，短短兩百多個字中，空、無、不就占了幾十個，看起來似乎特別簡單，但其中蘊含著深奧的般若智慧。怎麼掌握這些法義，學到什麼程度才可以？有很大的學問。

所以自修不僅遍數要夠，還要有一套方法，那就是「八步驟三種禪修」。這是告訴我們，究竟要按照哪些步驟來學，每個階段的檢驗標準是什麼，怎麼和現實人生聯繫起來，改變原有的觀念和心態。學佛是成就佛菩薩的品質，這些學習不是停留在概念上，不是了解道理就夠了。比如學習因果，是幫助我們從緣起的角度看世界；學習無常，是讓無常成為自己的人生觀和世界觀，不再執著世間有恆常的我，或是有恆常的物。

如果這種學習僅僅停留在對名相的了解，那只是增加了一些佛法知識而已。這就是很多人說「道理我都懂，就是用不起來」的原因所在。因為這種所謂的「懂」，只是膚淺的知道。道理還在書本上，你只是看到了，但沒有成為自己的。面對外境時，依然在固有頻道中，用固有觀念在處理。即使你想用佛法來處理，也會發現，自己只是拿到了一張空頭支票，是沒法兌現的。只有通過思考，尤其是結合現實人生的思考，才能把書上的法義變成自己的認識，變成可以用來支配、使用的財富。

包括對出離心、菩提心的學習，按照我們原有的學習習慣，只要找點書看一看，就會知道這些名相是什麼意思，也能給別人講得頭頭是道。問題是，這樣就能在心相續中產生作用嗎？學習出離心，不只是知道出離心的概念，而是要在內心生起出離心，真正對世間的五欲六塵了無牽掛。因為出離不是出離環境，而是對貪欲、執著的出離。菩提心也是同樣。怎麼把菩提心發起來？必須從願菩提心開始，在內心發起「我要利益一切眾生」的崇高願望，進而把這種願望作為盡未來際的奮鬥目標。有了願望之後，還要在現實生活中，通過各種方式利益他人，幫助眾生離苦得樂，走向覺醒，這就是行菩提心。但願菩提心和行菩提心都屬於世俗菩提心，最後還要通過空性見使菩提心得到提升，成為勝義菩提心。

在三級修學中，我們從接受一個道理，到真正變成自己的心行，分為八個步驟。其中，第一和第二步是學習法義，屬於最基礎的部分；第三步是結合問題來思考，完整、準確、透徹地理解法義。我們對佛法的理解包含兩個層面，一是理論上的理解，二是事實上的理解。比如無常，佛經告訴我們，世間一切是無常變化的。但關於無常的認識，要回到現實中去觀察、思考，才能加以確認。佛法說「諸行無常」，我們就要去檢驗，在這個有為、有漏、緣起的世間，有沒有什麼不是無常的？如果能找出一樣不是無常的，那這個說法就有問題，不要輕易接受。如果對現實全面觀察之後，發現萬物確實是無常的，就要在內心確立這個認識（第四步）。就像前面所說的皈依三寶。佛法闡明了「為什麼皈依、如何皈依」等相關法義，但我們還需要通過自己的思考來接受，才能在內心建立對三寶的信仰，這是觀念的禪修。

當我們通過修學建立起關於緣起、無常、無我的認識，還要運用這種認識。所以，第五和第六步是從佛法角度重新觀察世界，思考人生，處理問題，從而改變固有觀念，建立正確認識。進一步，從錯誤觀念製造的不良心態中走出來，在佛法智慧指導下，建立一種良性、積極、正向的心態，並安住其中，完成心態的禪修。

最後是第七和第八步，建立正確心態後，它能馬上成為生命中的主導力量嗎？其實是做不到的，因為錯誤心態形成的串習非常強大。「串」字很有意思，是一串串連起來的，念念相續，不絕如縷。不論心態還是行為，如果不斷重複，就會在內心成為慣性。這種慣性是有吸附性的，一旦形成，在出現相關心行時，哪怕只有一點點，也很容易被吸附其中。一方面，你會不由自主地進入並啟動慣性軌道；另一方面，你也同時在強化這個慣性，讓它的吸附力變得越來越大。

三級修學提倡觀察修和安住修，就是讓我們通過不斷審視，重複已經建立的正確觀念。因為錯誤觀念還會順著慣性不時產生作用，影響甚至主導我們。這就需要不斷調整，讓自己有更長時間安住於正見，強化正向心態。

修行，就是「擺脫錯誤、重複正確」的過程。事實上，在世間做好任何一件事，都離不開這八個字。我們之所以學不好，做不好，往往是因為錯誤習慣在干擾，使我們產生偏差。你看那些體育健將，就那麼幾個動作，看起來似乎沒什麼了不起。事實上，他要反覆訓練，經過千萬遍甚至更多的重複，才能做到極致。身體的訓練如此，心的訓練也是如此。

為什麼「擺脫錯誤，重複正確」能在生命中產生作用？因為它的理論基礎就是緣起法。緣起，說明世間一切存在沒有固定不變的特質。每個當下都有無限的可能性，都是可以改變的。了解緣起的特質和規律，就能通過有效的方法，改變錯誤習慣，建立正確心行。這個過程可以通過訓練來完成，但不是一味蠻幹，而是像訓練身體一樣，需要方法和技巧。

通過八步驟三種禪修，可以達到「理解、接受、運用」的效果。其中，理解是基礎，接受是關鍵，運用是檢驗。做到這一切的前提，是正確的態度模式，即「真誠、認真、老實」，不自以為是，不耍小聰明，而是把自己當作輪迴中的重病患者，以真切希求康復的心，來接受法的治療。只有這樣，才能達到「觀念、心態、生命品質」的改變。當我們遵循這個次第，每一步就能走得實實在在。就像從蘇州到北京，每個站都非常清晰。總之，從心行的突破，到信仰的增長，都離不開次第，離不開有效的方法。

六、信仰的提升

佛法是究竟圓滿的，但每個佛教徒的信仰程度是參差不齊的。隋唐時期，漢傳佛教的發展達到鼎盛，其中一個主要原因，就是當時有很多社會精英學佛乃至出家。有高素質的信眾基礎，才會有高素質的僧眾隊伍，才有能力來傳承並弘揚佛法這樣博大精深的智慧。這才是真正的續佛慧命，而不是毀佛慧命。

佛教自宋元以來一路衰落，根源就在於修學上不去。這一方面是因為宗派的見地太高或入手太難，另一方面，也是因為修學者的素質整體下降。道在人弘，這個人，不僅指弘化一方的高僧大德，也包括每個佛教徒。因為社會大眾接觸更多的，往往是自己身邊的佛教徒。他們的言行舉止和道德品質，很可能成為大眾對佛教的第一印象。所以說，如果佛教徒的信仰素質得不到提升，就會給佛法弘揚帶來負面而非正面的影響，同時使信眾層次每下愈況。

從教界現狀來看，雖然一些寺院在開展弘法活動，各大商學院也在開設佛教課程，已有越來越多高素質的年輕人走入佛門，但相對整個信眾階層來說，所占比例還是微乎其微的。可以說，佛教目前的信眾素質，和這一智慧承載的內涵有著天壤之別。那麼，如何才能改變現狀，使大眾的信仰得到提升？主要包括基礎和方法兩個方面。有基礎，提升才成為可能；有方法，提升才能落到實處。

1．提升的基礎

說到基礎，又取決於兩個方面，一是信仰對象的高度，二是我們自身的人生訴求。

（1）信仰對象

信仰能否得到提升，首先取決於信仰對象的高度。如果這棟樓只有三層，你再怎麼努力，也只能走到三層，提升空間很有限。如果這棟樓高不見頂，那麼只要你有能力，有方法，提升空間將不可限量。所以說，選擇什麼樣的信仰對象非常重要。就像你信財神之類，除了上個供，求求拜拜，想著怎麼取悅於他，還能做些什麼呢？你信是這樣，別人信也是這樣；信一年是這樣，信上幾十年還是這樣。

而對佛法的信仰，從迷信到智信，從初信到深信，從信仰到實踐，從入門的皈依三寶，到最終於自身成就三寶那樣的品質，信仰程度會隨著修行不斷加深。很多時候，我們越學，越覺得佛法廣大無邊。隨著你眼界的提高，佛法也在不斷展現其浩瀚、無限、高不見頂的那一面。因為佛陀所揭示的是心的本質，宇宙的本質，不僅如此，他還闡明了萬法的差別。可以說，世間沒有一種智慧可與之比擬。或許有人會覺得，這只是佛教徒的自詡。那麼，我們不妨通過對其他宗教，或哲學、科學等各領域的了解，在探索過程中進行對比，加以確認。

在今天這個網際網路普及的時代，雖然鋪天蓋地的資訊帶來了很多干擾，但也為我們提供了開闊的視野。關於這一點，我自己就深有體會。我是受到家庭影響，從小就學佛、出家，此後一直在佛學院成長。雖然一直覺得佛法說得很好，但這種好，只是因為你從開始就接受這種教育，屬於預設模式下的好，其實並沒有太深的感觸。直到走上弘法道路，和社會各界人士有了接觸，對不同學科有所了解之後，我才越來越體認到，佛法真是究竟圓滿的大智慧。

所以我覺得，雖然信仰本身強調專一性，但要全面提升信仰，可以把眼界放寬一點。當然，有些人本身已在社會上受過很多教育，是在有對比的情況下選擇了佛教，就可以深入經藏，不必到處涉獵，浪費時間了。此外，也不要在信仰之初過多接觸其他宗教或學科。因為對比和選擇都是需要一定能力的，如果信仰尚未穩固，還不知道佛法究竟說的是什麼，就容易被一些似是而非的知見帶跑。

（2）人生訴求

此外，我們的人生訴求也會決定信仰的高度。如果人生訴求僅限於飲食男女，升官發財，那麼對信仰的訴求也必然圍繞這些內容，不過是把佛菩薩當作保護神，求求拜拜而已。這樣的信佛，和信財神、信土地爺有什麼區別呢？所以說，只有提升人生訴求，才有可能提升信仰。

那麼，如何才能提升人生訴求？一是通過對人生的深入思考。比如人為什麼要活著？生命的起源是什麼，歸宿是什麼？如果活著只是為了生存和繁衍後代，那和動物有什麼區別？作為萬物之靈，我們的生命怎樣才能得到提升？什麼才是生而為人的不共追求？

當我們超越日常生活，從更高的角度來審視，就會發現，如果找不到人生的價值，活著實在沒有多少意義，不過是在日復一日的重複中輪迴。活著是為了吃飯，吃飯是為了活著；或者，活著是為了工作，工作是為了活著；又或者，活著是為了享樂，享樂是為了活著。總之，是封閉的、沒有出口也毫無希望的重複。我稱之為生命的低級重複，因為這是動物性的重複。如果我們不想在這樣的封閉環境中虛度一生，就要尋找人生的最高價值，並朝著這個方向努力。

二是通過對各種文化的學習。因為每個人都是有局限的，很多時候，我們不覺得有什麼問題，只是因為還沒有開始思考，或是這些思考沒有深度，尚未構成問題。也只有發現問題，才能解決問題，所以禪宗有「大疑大悟、小疑小悟、不疑不悟」之說。通過對哲學、科學或其他宗教的了解，一方面可以從不同角度啟發我們對終極問題的思考，一方面可以在廣泛的了解中，讓我們了解到佛法的高度。

比如佛法告訴我們要找到生命的意義，如果你沒有切身體會，可能聽起來覺得輕飄飄的，甚至有些老生常談。一旦你了解到世上有那麼多藝術家、哲學家和各行各業的成功人士，就是因為找不到人生意義，在功成名就時走上了絕路，才會發現這不是簡單的一句話，而是生命中最重要的問題。他們被這個問題所困，不是因為不夠聰明，而是在某個領域走到頂端後，發現自己依然找不到答案。我們現在之所以沒有被困，不是因為找到了答案，而是沒有意識到其重要性。一旦開始思考這些問題，才會知道佛法有多麼重要。因為，答案盡在此中。

2・提升的方法

不少人信佛，是從追求現世平安開始的。這固然無可厚非，但如果始終停留在這個層面，就像守著自家寶藏卻終日乞討，未免可惜。那麼，怎麼使這一信仰得到提升？

皈依，意味著我們選擇了佛教作為信仰。我們對這一選擇有多少認識？對信仰對象有多少了解？正如前面所說，如果認識不到三寶的內涵，認識不到皈依對人生的意義，只是由於種種因緣皈依了，可以說，還沒有真正走入佛門。即使前行和正行都很如法，也不是皈依後就一勞永逸了。因為信仰也是緣起法，需要不斷滋養和強化，否則就會在心行中逐漸被邊緣化，雖有若無。這就需要通過修學來深化。作為佛教徒，應該怎樣提升自己的信仰？

佛教修行的次第，包括人天乘、解脫道和菩薩道。這也是信仰提升的次第。

首先，依緣起因果的認識，建立人天乘的信仰。雖然我們現在擁有人身，得遇佛法，但輪迴路險，稍有不慎就會造業墮落。人天乘的修行，既重視當下的現實人生，還要認識到暇滿人身的重大意義，通過念死無常、念三惡道苦，真正對三寶生起信心。我們現有的人身不過短短幾十年，死亡來臨時，除了三寶，沒什麼是可以依靠的。親人可以陪你一起走嗎？權力和財富可以讓你往生善道嗎？萬一墮落惡道，將長劫受苦。所以，我們不僅要現世平安，還要讓未來保有這種福報。這不是為了享樂，而是為了得到可以繼續修行的身分。所以我們在至誠皈依的基礎上，還要受持五戒，止惡行善，不斷積累資糧。

其次，認識到輪迴的本質是苦，建立解脫道的信仰。雖然我們現在得到了人身，但只要內心還有迷惑煩惱，再多的享樂，再優越的物質生活，也解決不了這個痛苦。而且，輪轉六道是不能自主的。在生生世世的輪迴中，我們造下無量惡業，不知何時就會成熟。即使有幸得生善道，也是朝不保夕的。佛典告訴我們，輪迴的總苦有生、老、病、死、愛別離、怨憎會、求不得、五蘊熾盛八種；此外，還有無有決定、不知滿足、數數捨身、數數受生、數數高下、無伴之過六種。這些都是輪迴中如影隨形的苦，是無法擺脫的。看清這一點，我們就要發起出離心，不再貪戀輪迴盛事。通過修習戒定慧，徹底斷除貪嗔痴三毒。事實上，解脫才是佛教一切法門的核心，人天乘只是作為接引眾生的前行和方便，為進一步修行打下良好的基礎。

第三，認識到菩提心的殊勝，通過廣行六度，建立大乘菩薩道的信仰。我們雖然找到了生命的解脫之道，但要看到普天之下芸芸眾生仍深陷於迷惑煩惱之中，受苦受難。由此認識到，僅僅追求個人解脫是不究竟的，進而發起殊勝的菩提心，以追求無上菩提為目標，以幫助一切眾生走向覺醒為己任。

人天乘、聲聞乘、菩薩乘又稱三士道，代表佛法修行的三個層次。就如一棟三層樓房，人天乘是第一層，聲聞乘是第二層，菩薩乘是第三層。在修學道路上，有人停留在人天乘，有人選擇聲聞乘，也有人會進入菩薩乘。如何突破信仰的局限，在信仰實踐中不斷提升？首先要有開闊的視野，而不是坐井觀天；其次要提升信仰的訴求，而不是得少為足。當我們真正了解緣起因果的智慧，解脫道的殊勝，菩薩道的圓滿，信仰自然會逐步提升。

七、結束語

以上，根據當今社會和佛教界的信仰現狀，從六個方面探討了「如何建立信仰」的話題。首先，針對認為宗教信仰可有可無的誤解，從信仰解決什麼問題入手，分析信仰的獨特性和不可取代性；其次，針對世間信仰和宗教信仰的差別，以及佛教和其他宗教的不同，說明為什麼要信仰佛教；第三，針對有些人已經信佛，卻未能使佛法在生命中發揮作用，揭示將信仰落實於心行的途徑；第四，針對信仰淡化的現象，指出應該如何防護信仰，使之在內心生根發芽；第五，針對某些人信佛多年，卻看不到自身進步，也不知道如何進步的痛點，闡明使信仰有效增長的修學方法；最後，因為信仰對象及個人訴求的局限，使許多人的信仰停留在初級階段，由此開顯提升信仰的要領。六個問題層層遞進，由淺入深，沿著這一思路，相信大家對信仰的選擇和實踐會有清晰的認識。

這是一個物欲橫流的時代，也是一個特別需要佛法的時代。隨著物質神話的逐漸破滅，越來越多的人開始關注心靈，尋找信仰。有道是，佛法難聞，善知識難遇。在今天，接觸佛法似乎變得很容易了，但如果沒有善知識引導，這種接觸能帶來什麼呢？就像混亂的市場一樣，宗教信仰也存在各種亂象，借佛斂財者有之，假冒偽劣者有之，以盲導盲者有之，似是而非者有之。所有這些，為我們選擇信仰和修學佛法增加了無數干擾因素。而且這種干擾正隨著資訊的快速傳播而發酵，變得前所未有的龐雜。

在這樣的大環境下，正確認識信仰顯得尤為重要，這是我們走上覺醒之道的基礎，也是未來順利前行的保障。希望本文對大家有所啟發。

宣導皈依共修的意義

皈依是佛法修學五大要素之一，也是信仰的根本。相當一段時期，我在各地不遺餘力地宣導「皈依共修」，希望使之成為廣大佛子的基礎修行和常規信仰生活。本文是我二〇一一年在西園寺戒幢講堂領眾修習皈依的完整紀錄。從中可以了解皈依儀軌，認識皈依共修的意義。

一、唱三寶歌

人天長夜，宇宙黮暗，誰啟以光明？三界火宅，眾苦煎迫，誰濟以安寧？大悲大智大雄力，南無佛陀耶！昭朗萬有，衽席群生，功德莫能名！今乃知，唯此是，真正皈依處。盡形壽，獻身命，信受勤奉行！

二諦總持，三學增上，恢恢法界身。淨德既圓，染患斯寂，蕩蕩涅槃城。眾緣性空唯識現，南無達摩耶！理無不彰，蔽無不解，煥乎其大明！今乃知，唯此是，真正皈依處。盡形壽，獻身命，信受勤奉行！

依淨律儀，成妙和合，靈山遺芳型。修行證果，弘法利世，焰續佛燈明。三乘聖賢何濟濟，南無僧伽耶！統理大眾，一切無礙，住持正法城！今乃知，唯此是，真正皈依處。盡形壽，獻身命，信受勤奉行！

二、法師開示

（大眾以殷重、虔誠之心聆聽法師開示，如理思惟。）

在座多數人已經受過三皈五戒。但要知道，皈依不是一次儀式就能完成的。皈依三寶，代表人生最為重要的選擇。如何讓這種選擇成為生命主導，依此走上菩提大道？必須修習皈依，不斷深化對三寶的認識，強化三寶在心目中的地位。

當今教界，很多人雖已皈依，但內心還是一片混亂，並沒有因此產生歸宿感。原因何在？就是因為三寶在內心沒有力量。事實上，不同語系的佛教都很重視皈依修行。漢傳和南傳是將修習皈依納入早晚定課，藏傳則以念誦皈依作為一切修法的前行，須誦十萬遍以上。

可見，修習皈依是學佛初期必須奠定的基礎。為什麼要有這樣的安排？在無盡輪迴中，我們早已形成貪嗔痴的強大串習。皈依，是仰賴三寶，走出迷惑、煩惱的泥潭。這就必須讓三寶在心目中具有強大力量，否則是無法脫困的。

我們受了三皈，意味著得到皈依體；受了五戒，意味著得到戒體。皈依體也好，戒體也好，初始的力量都很弱。這就需要不斷賦予能量，使它們茁壯成長。就像播種後，必須澆水施肥，才能使種子生根發芽，開花結果。

在此過程中，我們要加深對三寶功德的認識，思惟暇滿人身蘊含的重大價值，思惟輪迴和三惡道的痛苦。只有知道三寶對我們意味著什麼，在生命中有多大作用，才能與三寶心心相應，時時憶念。如果不覺得重要，三寶就不會對生命產生影響。所以我們要反覆思考這些問題，每天提醒自己。否則，生命中還有很多不良需求，使我們追名逐利。在那樣的狀態下，即使皈依了，力量也很快會被邊緣化。

這些思惟是修習皈依的前行，為念誦三皈營造心靈氛圍。認識到位，我們才能全身心地投入其中，念茲在茲。這不是修一次、兩次就能完成的，而要不斷重複，天天念，時時念。

修行所做的，無非是調整和重複。首先是調整，把心從不良串習調整出來，安住於三寶的功德，以及對三寶的憶念。這是代表生命重心的轉移，人生目標的改變。其次是重複，掌握任何技能都要不斷練習，正念也是同樣，必須在正確重複中增強。所以皈依要每天修，而不是偶爾修。

在當今教界，皈依共修是一項新生事物。為什麼編寫這個儀軌？因為我看到，很多人雖然皈依了，卻沒有相應的引導，幫助他們強化信心。雖然寺院會有一些法會或講經活動，但往往流於形式化、學理化。

作為普通信眾來說，需要有外在氛圍，才能建立基本的信仰生活。編寫《皈依共修儀軌》，一方面是讓信眾皈依後有常規的修行，一方面是希望更多寺院能在週末組織共修，讓信眾在定期的信仰生活中，強化三寶在心目中的分量。

皈依共修包括前行、正行和結行。前行，即發心、懺悔、供養。正行，即念誦三皈。念誦前，要通過觀修，使心與三寶相應。結行，為念誦五戒、修四無量心。五戒是在家居士的行為準則、生活方式和修行基礎。四無量心，則是引導我們培養慈悲、平等之心，是走上菩薩道的前提。

可見，皈依共修既是學佛的基礎，也是完整的修行，希望大家引起重視，如法修習。

三、發心、懺悔、供養

發心，是確立目標，找到人生方向；懺悔，是懺除惡業，掃清修行障礙；供養，是培植福田，積累成佛資糧。

1．法師領大眾修習發心、懺悔：

我今發心，不為自求人天福報、聲聞、緣覺，乃至權乘諸位菩薩。唯依最上乘，發菩提心。願與法界眾生，一時同得阿耨多羅三藐三菩提。皈依十方盡虛空界一切諸佛，皈依十方盡虛空界一切尊法，皈依十方盡虛空界一切賢聖僧。如是等一切世界諸佛世尊，常住在世，是諸世尊，當慈念我。若我此生，若我前生，從無始生死以來，所作眾罪，若自作，若教他作，見作隨喜。若塔若僧，若四方僧物，若自取，若教他取，見取隨喜。五無間罪，若自作，若教他作，見作隨喜。十不善道，若自作，若教他作，見作隨喜。所作罪障，或有覆藏，或不覆藏。應墮地獄、餓鬼、畜生、諸餘惡趣、邊地下賤，及蔑戾車，如是等處。所作罪障，今皆懺悔。今諸佛世尊，當證知我，當憶念我。

（憶念自己無始以來所作罪業，尤其是近來的不如法行為，於十方諸佛菩薩前生起真誠懺悔之心，並安住於懺悔之心，靜默三分鐘。）

2．修七支供

七支供是普賢菩薩的願力，每個願力都以盡虛空、遍法界為所緣，又稱十大願王。修習七支供，可以幫助我們打開心量，消除業障，快速積累成佛資糧。

法師領大眾共同念誦：

所有十方世界中，三世一切人獅子，我以清淨身語意，一切遍禮盡無餘。

普賢行願威神力，普現一切如來前，一身復現剎塵身，一一遍禮剎塵佛。

於一塵中塵數佛，各處菩薩眾會中，無盡法界塵亦然，深信諸佛皆充滿。
各以一切音聲海，普出無盡妙言辭，盡於未來一切劫，讚佛甚深功德海。
以諸最勝妙華鬘，伎樂塗香及傘蓋，如是最勝莊嚴具，我以供養諸如來。
最勝衣服最勝香，末香燒香與燈燭，一一皆如妙高聚，我悉供養諸如來。
我以廣大勝解心，深信一切三世佛，悉以普賢行願力，普遍供養諸如來。
我昔所造諸惡業，皆由無始貪嗔痴，從身語意之所生，一切我今皆懺悔。
十方一切諸眾生，二乘有學及無學，一切如來與菩薩，所有功德皆隨喜。
十方所有世間燈，最初成就菩提者，我今一切皆勸請，轉於無上妙法輪。
諸佛若欲示涅槃，我悉至誠而勸請，唯願久住剎塵劫，利樂一切諸眾生。
所有禮讚供養福，請佛住世轉法輪，隨喜懺悔諸善根，迴向眾生及佛道。
乃至虛空世界盡，眾生及業煩惱盡，如是四法廣無邊，願今迴向亦如是。

3・念七佛滅罪真言（七遍）

七佛滅罪真言的作用，同樣是清洗業障。和七支供的不同在於，這部分是專門懺罪。無始以來，我們所造的惡業難以計數，使修行障礙重重。念誦時，須全身心投入其中，和七佛功德相應，念念消除無量罪業。

法師領大眾念誦：

離巴離巴帝，估哈估哈帝，達拉尼帝，尼嘎拉帝，微嘛離帝，馬哈嘎帝，（加母）（拉母）（扎母）帝，司哇哈。

（念誦真言時，觀想無始以來所造罪業念念消融在三寶的無盡功德中。）

四、觀察修

接著進入正行。修習三皈的關鍵，不僅在於念誦，關鍵是以什麼心在念。這就必須通過觀察修，認識到三寶的重要性，生起至誠皈依之心。

首先，思惟暇滿人身蘊含的重大意義，認識到唯有皈依三寶，如法修行，才能實現人身的最大價值——開發自性三寶。其次，擺脫對現世的貪著，追求更高的價值。這就需要思惟，死亡是一定的，死期是不定的。在死神面前，所有一切都顯得蒼白無力，唯有佛法才能給予我們幫助。第三，想到無始劫來，自己曾造作無量惡業。一旦惡業成熟，會使我們墮落惡道。如何才能避免這一厄難？唯有皈依三寶，生起求拯求救之心。

通過以上思惟，就能對三寶生起極大信心，確定三寶是人生究竟的歸宿和依賴。帶著這樣的心，反覆念誦「南無布達耶，南無達瑪耶，南無僧伽耶……」，也就是「皈依佛，皈依法，皈依僧」。

在修習皈依時，我們還要想到，六道眾生同樣因為無明，在輪迴中受苦受難。作為大乘佛子，我們要以慈悲心帶領眾生修習皈依，投歸三寶的懷抱。

五、安住修

通過念誦，激發對三寶的至誠皈依之心，然後將身心安住於此。佛陀的功德由身、語、意構成。首先是身業功德，佛陀具足三十二相八十種好；其次是語業功德，佛陀一生說法四十五年，開示種種法門，引導我們走出迷惑，走向覺醒；第三是意業功德，包含斷德、智德和悲德。斷德，是斷除一切煩惱；智德，是圓滿開顯智慧，通達諸法實相，成為究竟解脫的覺者；悲德，是具足大慈大悲，對一切眾生懷有無量慈悲。

我們認識到佛陀的功德，至心憶念，然後選擇一個所緣，將心安住其中，念念融入三寶的無盡功德。我們可以選擇佛陀名號，默念「佛陀……佛陀……」，把心安住在名號中；也可選擇一尊佛像，把心安住在佛身的莊嚴相好；也可直接看看心是什麼：有沒有顏色，是紅色還是白色？心在哪裡，在內還是在外？我們通過審視發現，心其實是了不可得的，然後安住在無所得而又了了分明的狀態。

六、發願

接著，念誦五戒、修四無量心。

【奉行五戒】

五戒是健康的生活方式，是學佛修行不可缺少的基礎。

第一，不殺生。認識到生命毀滅所造成的痛苦，我發誓培養悲心，學習各種方法保護人、動物、植物的生命。我決心不殺生，不教人殺，在思想上和生活中不寬恕自己的任何一種殺生行為，同時也不隨喜任何人的殺生行為。

第二，不偷盜。認識到由剝削、壓迫、偷盜和社會的不公正等等現象所造成的痛苦，我發誓培養慈心，學習各種方法，為人、動物和植物的良好生存狀態而努力工作。我發誓，通過與那些真正需要的人分享我的時間、精力和物質財富的方式，來修布施。我決心不偷盜，不將任何屬於他人的物品據為己有。我將尊重他人的財產擁有權，但我將阻止以人類的痛苦為代價，或以地球上其他地區人民的痛苦為代價來為自己謀取利益的行為。

第三，不邪淫。認識到由不正當的性關係所造成的痛苦，我發誓培養責任心，並學習維護個體、夫妻、家庭和社會的安定與團結的方法。我決心不捲入沒有愛和長期承諾的性關係中。為了維護我和他人的幸福，我決心尊重自己和他人的承諾。在我力所能及的範圍內，我將做一切事情來保護兒童不受性侵害，防止夫妻關係和各個家庭因不正當的性關係而破裂。

第四，不妄語。認識到由說話心不在焉和沒有傾聽能力所造成的痛苦，我發誓修習愛語和傾聽，給他人帶來幸福和快樂，從而減輕他們的苦惱。明瞭語言可以創造幸福或製造痛苦，我發誓學習講實語，講能夠激發人的自信、給人帶來快樂和希望的話。我決心不傳播不確定的消息、不批評或譴責我沒有把握的事情，避免講會導致分裂或不和的話，或會導致家庭、團體破裂的話。我將盡一切努力來調解和平息所有的矛盾，無論是多麼微小的矛盾。

第五，不飲酒。認識到由不適當的消費所造成的痛苦，我發誓通過有覺照的飲食和消費為自己、為家庭、為社會保持良好的健康，無論是生理方面，還是心理方面。我發誓只吸收那些對維護我個人、我的家人和社會大眾身心健康與和諧有益的東西。我決心不飲酒，不吃有害的食品，不接觸不健康的精神產品，比如某些特定的電視節目、雜誌、書、電影及談話等。我知道，用這些「毒品」來損害我的身心就是背叛了我的祖先、我的父母、我的社會和我的後代。

我將通過修習既適用於個體也適用於社會的這五戒，使自己心中和社會上的暴力、恐懼、憤怒及混亂狀態得到改變。我明白，要改造自我，改造社會，一份合適的戒規是必不可少的。

【修習四無量心】

四無量心，是培養作為大乘佛子的情懷。

法師領大家念誦：

願諸眾生永具安樂及安樂因，（慈無量）

願諸眾生永離眾苦及眾苦因，（悲無量）

願諸眾生永具無苦之樂，身心怡悅，（喜無量）

願諸眾生遠離貪嗔之心，住平等捨。（捨無量）

七、迴向

最後，我們把修習皈依的功德，迴向給法界眾生。

法師領大家念誦：

皈依功德殊勝行，無邊勝福皆迴向，普願沉溺諸眾生，速離迷惑得解脫。

十方三世一切佛，一切菩薩摩訶薩，摩訶般若波羅蜜。

皈依共修注意事項

- 應以虔誠心參與，可著海青以示恭敬。
- 進入講堂後應收攝身心，不得相互招呼、大聲喧譁。
- 開始後不得隨意走動、擅自離開，影響講堂的莊嚴氣氛。
- 共修期間須端身正坐，不得起坐不定或竊竊私語。
- 若於法師升座後到達，須向佛像及法師問訊後就近安坐。
- 參加共修期間，必須關閉手機等一切會發出聲響的物品。
- 共修儀軌應恭敬捧讀，合掌時須將儀軌放於桌上或掛在胸前，不可握成一卷或放在膝上、地上，亦不要將其他物品置於其上。

#走近佛陀

作　　者　濟群法師
責任編輯　徐藍萍、張沛然
校　　對　林昌榮

版　　權　吳亭儀、江欣瑜
行銷業務　周佑潔、賴正祐、華華
總 編 輯　徐藍萍
總 經 理　彭之琬
事業群總經理　黃淑貞
發 行 人　何飛鵬
法律顧問　元禾法律事務所王子文律師
出　　版　商周出版　台北市 104 民生東路二段 141 號 9 樓
電話：(02) 25007008　傳真：(02)25007759
E-mail：ct-bwp@cite.com.tw　Blog：http://bwp25007008 · pixnet.net/blog
發　　行　英屬蓋曼群島商家庭傳媒股份有限公司城邦分公司
台北市中山區民生東路二段 141 號 2 樓
書虫客服服務專線：02-25007718　02-25007719
24 小時傳真服務：02-25001990　02-25001991
服務時間：週一至週五 9:30-12:00　13:30-17:00
劃撥帳號：19863813　戶名：書虫股份有限公司
讀者服務信箱 E-mail：service@readingclub.com.tw
香港發行所　城邦（香港）出版集團有限公司　香港灣仔駱克道 193 號東超商業中心 1 樓
E-mail: hkcite@biznetvigator.com　電話：(852)25086231　傳真：(852)25789337
馬新發行所　城邦（馬新）出版集團 Cite (M) Sdn Bhd
41, Jalan Radin Anum, Bandar Baru Sri Petaling, 57000 Kuala Lumpur, Malaysia.
Tel: (603) 90578822　Fax: (603) 90576622　Email: cite@cite.com.my

封面設計　張燕儀
印　　刷　卡樂製版印刷事業有限公司
總 經 銷　聯合發行股份有限公司　新北市 231 新店區寶橋路 235 巷 6 弄 6 號 2 樓
電話：(02) 2917-8022　傳真：(02) 2911-0053

■2023 年 10 月 3 日初版　　Printed in Taiwan

定價 350 元

城邦讀書花園
www.cite.com.tw

線上版回函卡

國家圖書館出版品預行編目 (CIP) 資料

走近佛陀 / 濟群法師著 . -- 初版 . -- 臺北市：商周出版：英屬蓋曼群島商家庭傳媒股份有限公司城邦分公司發行 , 2023.10
面；　公分
ISBN 978-626-318-833-4(平裝)

1.CST: 佛教 2.CST: 佛陀論 3.CST: 文集

220.127　　112013594

ISBN 978-626-318-833-4